# SOPAS
# DETOX

Primera edición: febrero del 2020

© Eva Roca

© de la edición:
9 Grupo Editorial
Lectio Ediciones
C/ Mallorca, 314, 1º 2ª B • 08037 Barcelona
Tel. 977 60 25 91 - 93 363 08 23
lectio@lectio.es
www.lectio.es

Diseño y composición: Carla Rossignoli

Impresión: Leitzaran Grafikak

ISBN: 978-84-16918-72-0

DL T 21-2020

# Eva Roca

# SOPAS DETOX

## Recetas y hábitos alimentarios para sanar el cuerpo

ediciones
Lectio

Gracias, Astrid y Jan, por iluminar mi camino y ser mi inspiración.

Gracias a todos los ecoagricultores por la gran labor que hacéis para vivir en un mundo mejor, especialmente a los que me proveéis los alimentos vivos que forman mis platos cada día: Sílvia y Miquel, de Horta Pla de Munt; Dulos y Helena, de Horta La Xirivia; Enric, del Parc Agroecològic de l'Empordà; Raimon y Maren, de Horta de la Viola; Maria, de Flors i Plantes Medicinals; Josep Ma, de Camins de Verdor; Nicolau, Margarida y Bru, de Hinomaki; y Santi, de Brot d'Or.

Gracias, Wari y Max, por hacer posibles las fotos de este libro.

Gracias, Anna Bayó de Fontclara, por tus maravillosos boles.

Gracias, editorial Lectio, por lanzarme a escribir mi primer libro.

Y gracias a ti que, de un modo u otro, también formas parte de este proyecto de alimentación viva, velando por una salud radiante y por un mundo mejor.

# ÍNDICE

# INTRODUCCIÓN

"
QUE EL ALIMENTO SEA TU MEDICINA
Y LA MEDICINA TU ALIMENTO"
Hipócrates (460-377 aC)

**VIVIMOS EN UN PLANETA CONTAMINADO.** El aire, la tierra, el agua y los alimentos están contaminados a causa de los miles de productos químicos que los seres humanos han generado a lo largo de los últimos años y, constantemente, nuestro cuerpo está sometido a miles de sustancias tóxicas.

Esto va acumulando grandes cantidades de toxinas en nuestro cuerpo, saturándolo y deteniendo los recursos del organismo para realizar correctamente nuestras funciones vitales, provocando la común falta de vitalidad y la enfermedad.

Por supuesto, el cuerpo humano es capaz de hacer frente a una exposición limitada de toxinas dentro de un margen de tiempo, si no está claro que ya no estaríamos aquí, pero este mecanismo se agota, a grandes rasgos, a partir de los 30-35 años, dependiendo del estilo de vida y de la genética de la persona. A partir de esta edad, empiezan los problemas. La mayoría de ellos no son diagnosticados o están tan normalizados que se nos pasan por alto:

- Falta de vitalidad
- Cansancio
- Candidiasis
- Dolores en las articulaciones
- Dolores musculares
- Exceso de mucosidad
- Problemas digestivos, diarrea o estreñimiento
- Problemas de memoria y poca lucidez mental, etc.

Otras enfermedades, como la osteoporosis, la artrosis o el cáncer, sí son diagnosticadas. Sin embargo, a menudo es demasiado tarde, ya que algunas de ellas ya no tienen marcha atrás.

**La única manera de prevenir la enfermedad es manteniendo un cuerpo limpio.**

## LA CLAVE ES MANTENER EL CUERPO LIMPIO

La alimentación viva y biológica es nuestra salvación. Nos nutre sin crear residuo.

La alimentación viva se basa en alimentos vivos o crudos, basados en plantas tal como las hallamos en la naturaleza, aportándonos todos los nutrientes que necesita nuestro cuerpo para llevar a cabo sus funciones vitales sin ensuciarlo.

Estaríamos muy lejos de la naturaleza y del diseño original del ser humano si pensáramos que para alimentarnos tenemos que ingerir sustancias que no provienen de la tierra y, hoy en día, sabemos que cociendo los alimentos se queman y se separan molecularmente los nutrientes y terminamos comiendo alimentos muy calóricos pero vacíos de nutrientes y, en su ingesta, acidificamos nuestra sangre, agotamos las enzimas, responsables de mantener la vida en nuestro organismo, y agotamos nuestra energía vital.

¿Sabías que nuestro ADN es un 99% igual que el del mono? ¿Y que nuestra fisiología así lo demuestra? Obsérvate: ¿tienes las manos, los dientes, las mandíbulas y los intestinos similares a los del mono, que es un animal frugívoro, o a los del cerdo, que es omnívoro? Indudablemente, a las del mono, ¿no? Esto nos demuestra que el alimento que mejor se adapta a nuestra biología es el alimento frugívoro: **frutas y verduras**.

## LAS FRUTAS Y VERDURAS CRUDAS...

- Se adaptan perfectamente a nuestro diseño biológico y nos mantienen sanos y jóvenes.
- Las digerimos rápidamente y sin sobrecargar los órganos con fermentaciones y putrefacciones, como sucede con los cereales y la carne.
- Una vez digeridas, su fibra se elimina fácilmente y rápidamente, con heces que no huelen mal.
- Mantienen nuestro pH biológico (7,4).
- Nos aportan aminoácidos libres que el cuerpo puede convertir fácilmente en proteínas. ¡Sí, todas las verduras nos aportan proteína!
- Mantienen nuestro cuerpo limpio, sin generar residuos tóxicos.
- Nos aportan grandes cantidades de nutrientes que son absorbidos fácilmente por nuestro organismo. Por eso nos sentimos tan vitales y lúcidos en seguida.
- Ecológicas y de temporada no crean intolerancias,[1] ni alergias ni mucosidades, como pasa con los alimentos no fisiológicos como el cereal, por ejemplo.

1. Si bien existe la intolerancia genética a la fructosa, esta es una enfermedad extraña que no tiene nada que ver con los casos crecientes hoy en día de malabsorción de la fructosa causada por una inflamación del epitelio del intestino delgado. Esta inflamación que provoca la malabsorción de la fructosa es debida a una alimentación incorrecta o a un desequilibrio de la flora intestinal, pero también puede ser causada por toxemia, candidiasis, parasitosis, enfermedad inflamatoria intestinal como la enfermedad de Crohn o por estrés emocional. La medicina integrativa está demostrando que la malabsorción de la fructosa es reversible cuando se sana el epitelio intestinal. Eso se consigue con una dieta saludable, depurativa y desinflamatoria. También ayuda mucho sanear el intestino haciendo un tratamiento con hidroterapia y probióticos.

Cuando hemos estado ensuciando el cuerpo durante años con una alimentación demasiado procesada e industrial, solo nos queda la opción de limpiar, adoptando una alimentación frugívora y también haciendo un detox al año como mínimo.

**Detox** proviene de la palabra detoxificación y es el proceso en el que las toxinas se eliminan del organismo.

En este proceso liberamos el cuerpo del duro trabajo de la digestión y sus procesos metabólicos, fruto de digerir alimentos pesados y, durante unos días, haremos descansar el cuerpo ingiriendo solo alimentos limpios, nutritivos y de fácil digestión, como son **los alimentos líquidos a base de zumos, batidos y sopas detox.**

A pesar de que los ayunos completos, en los que se interrumpe totalmente la ingesta de alimentos durante unos días (normalmente entre 7 y 21 días), pueden ser muy eficaces en los procesos de limpieza, no todo el mundo se lo puede permitir, ya sea por el estado de salud de la persona, por la realidad emocional del momento, por los hábitos alimentarios y adicciones o por las responsabilidades laborales y familiares, que no permiten descansar lo que requiere un ayuno completo y sus consiguientes y pesados síntomas de los primeros días.

Además, si la toxemia corporal de la persona es elevada, un ayuno completo podría causar una eliminación de toxinas demasiado severa para el organismo y crear complicaciones en los principales órganos de eliminación, que son los riñones, el hígado, los pulmones, la piel, la linfa y el intestino, haciendo que las toxinas volviesen a la sangre. Es por esto que lo más racional y realista al ritmo de vida que llevamos hoy en día son las depuraciones o detoxificaciones a base de líquidos de verduras.

En este punto, cabe distinguir una dieta detox real o efectiva de una dieta detox fantasma, ya que a menudo se utiliza el término detox para dietas nada eficientes, que incluyen animales, almidones o frutos secos y no respetan las fases de ayuno biológico.

Un formato muy eficaz y fácil de seguir por cualquier persona y estado de salud es el **Plan Detox de 7 días con sopas**, que propongo al final de este libro.

## AYUNO BIOLÓGICO

El ayuno biológico es el tiempo que necesita el organismo humano para regenerarse y limpiarse del residuo que ha acumulado durante el día. Esta fase sucede intrínsecamente en cada uno de nosotros **durante la noche y hasta las 11 del mañana**, más o menos, momento en el que finaliza la fase de eliminación del cuerpo.

Durante esta fase, es importante dejar que el cuerpo se regenere y se limpie, no ingiriendo alimentos sólidos, para no interrumpir el proceso de limpieza.

El ayuno biológico necesita **16 horas** para poder efectuarse correctamente y realizar todas sus funciones metabólicas, regenerativas y limpiadoras. Por eso, a fin de respetar este tiempo, **hace falta que cenemos antes de las 19 horas** y mantengamos el ayuno hasta las 11 horas de la mañana.

Muchas personas, a causa de sus hábitos alimentarios, su estado de salud y su actividad física o intelectual durante la mañana, se ven incapaces de mantener este ayuno biológico. Bien, pues en estos casos se puede tomar un zumo verde, que contiene una cantidad muy elevada de nutrientes, pero como no contiene la pulpa de las verduras y frutas, no provoca una digestión en los intestinos, manteniendo la fase del ayuno biológico en gran parte.

Recuerda, sin embargo, que el zumo, igual que los batidos y las sopas, necesitan ser masticados un rato en la boca para absorber bien sus nutrientes.

## HÁBITOS ALIMENTARIOS QUE MANTENDRÁN TU CUERPO LIMPIO Y LLENO DE VITALIDAD

**1.** **BASA TU DIETA EN ALIMENTOS NATURALES Y ECOLÓGICOS**, libres de toxinas. Estos son:
- Verduras de hoja verde, plantas silvestres comestibles y brotes
- Hortalizas
- Frutas
- Semillas, germinados y frutos secos

**2.** Basa tu dieta, como mínimo, en un **70% DE ALIMENTOS ECOLÓGICOS CRUDOS (VIVOS)**. Esto te asegura una ingesta nutricional y energética suficiente para que tu organismo pueda realizar correctamente sus funciones vitales y tú te sentirás vital y alegre.

**3.** Respeta a diario la fase del **AYUNO BIOLÓGICO** y haz uno o dos detox al año. La primavera y el otoño son las dos estaciones ideales para depurarte.

**4.** Tu organismo es un 75% agua, por lo tanto, enfócate hacia comidas de la misma proporción: **75% FRUTAS Y VERDURAS Y 25% GRANOS Y SEMILLAS.**

**5.** Muévete, **PASA RATOS EN LA NATURALEZA**, toma el sol, respira con conciencia, báñate en el mar y hazte un huerto en el jardín. El alimento representa un porcentaje minúsculo de todo lo que realmente nutre nuestro ser, que son los 4 elementos naturales: sol, aire, agua y tierra.

¿Sabías que el oxígeno que inhalamos suministra el 90% de la energía vital que necesita nuestro organismo, mientras que el alimento solo supone el 10%?

# SOPEANDO

**NO HACE FALTA ESTAR HACIENDO UN DETOX** para tomarse una de las deliciosas y vitalizantes sopas de este libro. Puedes introducir una sopa detox en cualquier momento del día, para revitalizarte, remineralizarte y liberarte de calorías y carga digestiva.

Las sopas detox son vivas, crudas y veganas. Son superalimentos de fácil preparación e ingesta. Se elaboran triturando alimentos de gran riqueza nutricional y energética y se digieren rápidamente sin crear residuo ni ensuciar el organismo. Por esto también se les llama sopas detox. Además, su fibra no soluble, proveniente de las verduras de hoja, tiene la capacidad de arrastrar hasta el doble de su volumen en toxinas y eliminarlas a través de las heces.

Las sopas vivas o detox se consideran superalimentos porque contienen más cantidad de nutrientes esenciales por caloría que el resto de alimentos. Tienen un bajo índice glucémico porque no contienen almidones y son muy ricas en vitaminas, minerales, aminoácidos, enzimas, fitonutrientes, clorofila, fibra, agua y antioxidantes. Esta riqueza nutricional solo nos la pueden aportar los alimentos crudos, ya que con la cocción se deterioran la mayor parte de los nutrientes y la totalidad de los antioxidantes y enzimas.

Estos alimentos triturados o premasticados en forma de sopa contienen todos los componentes sinérgicos del alimento haciendo que se digieran fácilmente y sus nutrientes se asimilen completamente. En cuestión de minutos, tendremos disponibles todas sus propiedades vitales y nutricionales y con un mínimo gasto energético. Todo eso aumenta con creces nuestra vitalidad y ecología corporal, haciendo que el organismo active su capacidad innata de autosanación, limpieza y regeneración y recupere su equilibrio y peso natural.

De todos modos, es imprescindible simular el acto de masticar y ensalivar bien cada cucharada de la sopa a fin de que se activen las enzimas digestivas y los nutrientes puedan asimilarse completamente. Esto es así porque nuestra fisiología digestiva funciona óptimamente con los alimentos sólidos, tal y como los hallamos en la naturaleza, teniéndolos que masticar para activar e iniciar la digestión.

Por lo tanto, un alimento que llega triturado a la boca requiere, igualmente, masticación e insalivación para que pueda ser digerido. Un bol de sopa de unos 300 ml se debería tomar en un mínimo de 20 minutos a fin de que se pueda digerir correctamente.

## TOMA SIEMPRE ALIMENTOS 100% ECOLÓGICOS

Los alimentos ecológicos han sido cultivados sin químicos y, por lo tanto, conservan sus nutrientes y la energía vital necesarios para la nutrición del organismo humano:

- No crean residuo tóxico en nuestro cuerpo porque no contienen químicos, ni pesticidas ni aditivos sintéticos.
- No contienen organismos genéticamente modificados o transgénicos.
- Contienen más vitaminas, minerales y oligoelementos que sus homólogos de cultivo químico.
- Contienen y nos aportan vitalidad y son mucho más gustosos.
- Respetan el medio ambiente, la salud humana y el bienestar animal.

Cuando nos alimentamos de fruta y verduras crudas y ecológicas, le estamos dando al organismo las vitaminas y micronutrientes que necesita y eso hace que en seguida nos sintamos saciados y enérgicos y nuestro organismo también, reduciendo notablemente las ganas de comer. La diferencia se nota en seguida y por esto ayuda a las personas con sobrepeso a perder en pocas semanas los kilos que le sobran.

**Nos nutrimos de alimentos vivos y nutritivos, no de calorías. Lo que importa no es la cantidad sino la calidad nutritiva y energética de los alimentos.**

# ELABORACIÓN DE LAS SOPAS

## UTENSILIOS

### Batidora de vaso

La mejor opción es la batidora de alta potencia, tipo Bianco di Puro, Blendtec o Vitamix, que nos permite triturar las verduras crudas fácilmente y en pocos segundos (entre 30 y 45 segundos), cosa que permite preservar los nutrientes y evita la oxidación. Pero también es posible elaborar las sopas vivas con la batidora individual tipo Tribest o el típico Minipimer. Este último, sin embargo, requiere cortar los ingredientes a trozos bien pequeños para poderlos triturar con su minicuchilla y nunca conseguiremos una textura fina y cremosa como la que conseguimos con la batidora de alta potencia.

Si tienes que integrar las sopas vivas a tu dieta, te aseguro que el electrodoméstico que más utilizarás en casa será este. También podrás elaborar batidos, horchatas, moler frutos secos y semillas y muchas preparaciones más de la cocina cruda vegana.

### Madera de cortar, cuchillos y pelador

Puedes usar cuchillos de cerámica o de acero inoxidable. Yo utilizo cuchillos de cerámica a fin de retardar la oxidación del alimento. De todos modos en el caso de las sopas no es relevante, ya que la cuchilla de la batidora es, inevitablemente, de acero.

## Medidas

De taza y de cuchara para que puedas seguir las recetas de este libro, que están medidas por tazas o por cucharadas, de este modo:

1 T = 1 taza = 250 ml
1 C = 1 cucharada sopera = 15 ml
1 c = 1 cucharada de postre = 5 ml

## Molinillo y rallador de especias

El molinillo te servirá para moler bayas de especias como la pimienta o el cilantro. El rallador se utiliza para rallar la raíz de jengibre y la cúrcuma.

bianco
di puro

# TÉCNICA

**1.** **CORTAR** las verduras, hortalizas o frutas en dados pequeños a fin de darle menos trabajo a la batidora, que es donde más se oxida el alimento.

**2.** **PONER** los ingredientes en un bol de vidrio junto con el aceite, las especias, las hierbas y la sal. Remover y dejar macerar un rato. Si tienes tiempo, macerar durante una hora es lo ideal, pero si no tienes tiempo, con 20 minutos es suficiente.

**3.** **TRANSFERIR** los ingredientes macerados dentro del vaso de la batidora y cubrir de agua filtrada o zumo de verduras.

**4.** **TRITURAR.** Muchas batidoras incluyen el programa de sopas o batidos. Cualquiera de estos dos programas te irá bien. Si tu batidora no incluye programas, tritura a velocidad media durante 10 segundos y después sube al máximo la velocidad y tritura 30-50 segundos más.

**5.** **PRUEBA** el sabor y la textura y, si hace falta, rectifica añadiendo más agua, sal, especias o más tiempo de batido hasta conseguir la textura y el sabor deseado. Ten en cuenta, sin embargo, que es preferible la preservación nutricional que una textura demasiado fina.

Una vez elaborada la sopa, podrías querer almacenarla en un recipiente de vidrio hermético dentro de la nevera para comértela al cabo de unas horas. Ningún problema, pero en este punto tienes que saber que las plantas (hoja, raíz, fruto y tallo) tienen unas **enzimas antioxidantes de sabor amargo** que se activan todavía más cuando las rompemos o las trituramos con la cuchilla de acero de la batidora.

Este sabor amargo va en aumento a medida que transcurre el tiempo de almacenamiento, y aún con más intensidad si les toca la luz.

Esto pasa porque estas enzimas antioxidantes, llamadas **polifenoles del tipo flavonoides**, se protegen contra la oxidación cuando se cortan.

No hay ningún problema para la salud, todo lo contrario, estos potentes antioxidantes tienen unas propiedades curativas muy interesantes para nuestro organismo:

- nos protegen de los radicales libres y del envejecimiento prematuro
- nos protegen de virus, bacterias y tumores
- son antiinflamatorios y antialérgicos
- ayudan al buen funcionamiento del sistema cardiovascular
- protegen nuestro intestino y mejoran la flora intestinal
- regulan la actividad estrogénica
- mejoran la actividad enzimática

# TRUCOS Y RECOMENDACIONES

**1.** ES MEJOR NO COMBINAR FRUTAS DULCES CON VERDURAS CON ALMIDÓN, **como las raíces o el calabacín.**

Las verduras como las zanahorias, las remolachas, el brócoli, el pepino y el calabacín contienen almidón, que no se digiere bien con la fruta, provocando fermentaciones y gases. Las **verduras de hoja, en cambio, por su bajo o nulo contenido en almidón, combinan bien con todas las frutas y también con las demás verduras.**

Por lo tanto, si nos limitamos a combinar en una misma sopa dos tipos de ingredientes donde uno sea la verdura de hoja, ya estaremos combinando bien.

En las recetas de este libro, verás que tengo en cuenta la combinación correcta de los alimentos a fin de que se digieran y se asimilen correctamente. Es por esto que no combino demasiados ingredientes en una misma receta.

**2.** CONVIENE TOMARSE LA SOPA INMEDIATAMENTE DESPUÉS DE ELABORARLA o, como muy tarde, dentro de las 24 horas siguientes, siempre que haya sido almacenada refrigerada de 3 a 5 grados en un recipiente de vidrio hermético y, preferiblemente, protegido de la luz dentro de una bolsa de papel.

**3.** EN INVIERNO, CALIENTA EL AGUA DE LAS SOPAS antes de ponerla en el vaso de la batidora a fin de tomar la sopa caliente. Puedes calentar el agua hasta 60º porque, cuando la metas dentro del vaso de la batidora con el resto de los ingredientes, bajará la temperatura y no excederá de 45º de temperatura en el alimento, que es el límite para preservar las enzimas y nutrientes.
Piensa que, tanto en verano como en invierno, comas crudo o cocinado, el alimento se tiene que ingerir siempre a la temperatura del cuerpo para que se pueda digerir óptimamente si dañar los órganos.

**4.** Evita pelar las frutas y verduras. La piel de las frutas y las verduras contiene de media 7 veces más nutrientes que su pulpa.

La manzana, el pepino y el calabacín, por ejemplo, contienen casi todas sus vitaminas en la piel.

Cuando tengas que pelar cítricos, hazlo sacando la menor parte de la corteza. En ella y en la parte blanca, entre la piel y la pulpa, se concentran los bioflavonoides, espectaculares antioxidantes y protectores del organismo.

## BENEFICIOS DE LAS SOPAS

### SUPERNUTRIENTE EN UN PLATO PEQUEÑO

Es una forma de ingerir una gran cantidad de nutrientes en poca comida y aligerando mucho la digestión. Esto hace que dispongamos de más energía para que no la gastemos digiriendo.

### MUY PROTEICAS

Las sopas crudas, además de grandes dosis de vitaminas, minerales y antioxidantes, son ricas en aminoácidos esenciales, sobre todo gracias a las hojas verdes, convirtiéndolas en un alimento muy proteico.

### RICAS EN ÁCIDOS GRASOS ESENCIALES

Gracias a los aceites vegetales de primera prensada en frío y las semillas de cáñamo peladas, aportamos a las sopas unas buenas dosis de ácidos grasos saludables y esenciales para nuestra salud. Así que estas sopas son completas y bien equilibradas nutricionalmente.

### DEPURATIVAS Y DESINTOXICANTES

Son ideales en procesos depurativos, ya que no sobrecargan el aparato digestivo y ayudan a la eliminación del organismo a la vez que nos llenan de nutrientes y vitalidad. Su fibra nos ayudará a desintoxicarnos rápidamente. Ayudan a recuperar el peso natural en pocos días.

### MUY DIGESTIVAS

Las sopas, dado que son alimentos triturados, si además están bien combinadas, ya están predigeridas y llegan fácilmente a los intestinos sin sobrecargar el intestino ni crear fermentaciones. Son ideales cuando cenamos más tarde de las 19 horas, momento en que empieza la fase de descanso digestivo, en la que el cuerpo se enfoca en la asimilación de los nutrientes. Piensa que una sopa se digiere en menos de una hora, mientras que un plato de cereal o legumbre cocida lo hace en más de dos. Puesto que son muy digestivas, nos permiten descansar mejor por la noche.

### ALCALINIZANTES Y ANTIOXIDANTES

El ingrediente estrella de las sopas detox son las verduras de hoja verde. Dichas maravillas son el alimento esencial para mantener nuestra salud y nuestro pH en equilibrio ya que, al contener el oxígeno de la clorofila y la gran cantidad de minerales de las plantas, las hojas verdes son los alimentos más alcalinizantes del planeta.

### DE GRAN PODER CURATIVO, REJUVENECEN Y SANAN EL ORGANISMO

Gracias a la clorofila de las verduras y a sus reguladores naturales que ayudan a la homeóstasis, nuestro organismo se autorregula y autosana en poco tiempo. **El poder mágico de la clorofila:**

- Prevé el cáncer, alcaliniza el organismo y crea resistencia a las bacterias.
- Limpia, sana y regenera la flora intestinal y refuerza el sistema digestivo.
- Aumenta los glóbulos rojos, mejora la hemofilia y es antianémica.
- Ayuda a eliminar toxinas y metales pesados del organismo.
- Purifica y regenera los riñones y el hígado.
- Regula la menstruación.
- Ayuda a producir leche y de más calidad en madres lactantes.
- Sana las úlceras internas.
- Elimina los olores corporales y el mal aliento.
- Mejora la circulación de la sangre y las venas varicosas.
- Quema el tejido adiposo, elimina la celulitis y adelgaza.
- Acelera la cicatrización y sana la piel.
- Activa el sistema inmunológico, ayudando a curar rápidamente cualquier enfermedad.

# LOS COLORES DE LAS SOPAS

**A CONTINUACIÓN TE DETALLO LOS INGREDIENTES** que he utilizado en las recetas y sus propiedades nutricionales y terapéuticas para que puedas disponer de un pequeño vademécum de superalimentos a partir del cual podrás entender las etiquetas de las recetas y también te permitirá crear tus propias sopas y platos terapéuticos.

| COLOR | FITOQUÍMICO RESPONSABLE DEL COLOR | PROPIEDADES DE LA SOPA | EJEMPLOS DE ALIMENTOS |
| --- | --- | --- | --- |
| rojo | licopeno, antocianina | Antioxidante y anticancerígena. Protege el corazón y mejora la salud del sistema circulatorio. | Tomate, pimiento, sandía, fresa, granada, grosella, manzana... |
| naranja | betacaroteno | Antienvejecimiento y antioxidante. Fortalece el sistema inmunitario. Protege la piel, la vista, los pulmones, la tiroides, el hígado, la próstata y el aparato digestivo. Promueve el crecimiento de colágeno. | Naranja, pomelo, zanahoria, calabaza, tomate, mango, remolacha, mandarina... |
| naranja/ amarillo | criptoxantina y terpeno | Antimutágena y anticancerígena. Desintoxica. Combate el cáncer y las úlceras. Protege el sistema inmunitario, el corazón, la piel, el sistema digestivo y la vista. | Cítricos, papaya, melocotón, pimiento amarillo, piña, coles, nabos... |
| verde oscuro | carotenoide y sulforafano | Anticancerígena, protectora y antioxidante. Regenera las células. Fortalece el sistema inmunitario. Activa la vitamina C y E. Desintoxica. | Brócoli, espinacas, col, col kale, acelgas, hierbas silvestres, brotes, apio... |
| verde olaro | luteína, zoaxantina y carotenoide | Antioxidante y anticancerígena. Elimina los carcinógenos. Protege la piel, la vista, la retina y previene las cataratas. | Brócoli, pepino, guisante, col, melón, calabacín, aguacate, espárrago, manzana, brotes, apio... |
| azul | antocianina | Antioxidante y anticancerígena. Detiene el envejecimiento destruyendo los radicales libres. Regula la actividad neoplástica en metástasis. Preserva la memoria y estimula el cerebro. Protege el corazón y tonifica las venas. Protege el aparato urinario. Regenera la retina y previene las cataratas. | Arándanos, col lombarda, mora, uva negra, ciruela, fresa, granada... |
| violeta | flavonoide y catequina | Antioxidante, anticancerígena y antiinflamatoria. Rejuvenece. Regula la actividad neoplástica en las metástasis. Protege el sistema circulatorio y el corazón. Potencia la acción de la vitamina C. Estimula el cerebro y la memoria. Reduce los estrógenos. | Uva, mora, fresa, ciruela, remolacha, col lombarda, achicoria, cítricos, nabo violeta, rábano, grosella, vaina de cacao, higo... |
| blanco | sulfóxido aliína | Antioxidante, anticancerígena y antifúngica. Previene las infecciones, disminuye el colesterol, regula la presión arterial, favorece la circulación y previene la diabetes. | Ajo, cebolla, puerro, coliflor, nabo... |

# LOS INGREDIENTES MEDICINA

**TODAS LAS PROPIEDADES QUE DETALLO EN LOS ALIMENTOS** solo prevalecen si el alimento es crudo. Cuando cocinamos las verduras, la mayor parte de los nutrientes se deterioran y los fitoquímicos responsables de darles el color y las cualidades antioxidantes, anticancerígenas y limpiadoras se destruyen en un 95%.

Verás que en este listado faltan algunas verduras y hortalizas. Es porque, o bien son tóxicas crudas, como la berenjena, la patata, el boniato o la judía tierna, o bien contienen demasiado almidón para incluirlas en una sopa depurativa, como las habas y los guisantes, o bien son demasiado pobres nutricionalmente, como la lechuga, para que forme parte de una sopa con calidad de superalimento.

Recuerda que el objetivo de las sopas detox es que nos aporten muchos nutrientes y pocas calorías y carga digestiva a fin de facilitar al organismo las tareas de limpieza y regeneración.

Es por esta misma razón que tampoco utilizo los frutos secos en una sopa detox. A pesar de que pueden ser muy nutritivos, cargan demasiado el aparato digestivo y el hígado, cosa que no nos interesa en absoluto en una dieta depurativa.

Verás que tampoco soy amante de las verduras y frutas que no son autóctonas ni de temporada, a pesar de alguna excepción de excelentes propiedades desintoxicantes y prebióticas como la papaya o la piña.

Procura siempre utilizar frutas y verduras ecológicas y de nuestra tierra, de kilómetro cero, ya que son las que nos aportan grandes cantidades de nutrientes y vitalidad. Las que vienen de lejos, por muchos sellos ecológicos que lleven, no lo son, ecológicas, ni para ti ni para el planeta, debido al largo transporte y almacenaje que han sufrido, los cuales también han deteriorado y desvitalizado el producto.

# VERDURAS DE HOJA VERDE Y CRUCÍFERAS

## APIO

**Temporada:** de octubre a abril.

**Propiedades nutricionales:** El 95% de su composición es agua, cosa que lo hace muy indicado en las dietas depurativas y para perder peso. Es muy rico en vitaminas y minerales, sobre todo en vitamina C y potasio. También nos aporta hierro, fósforo, calcio, magnesio y folatos (vitamina B9).

**Propiedades terapéuticas:** Excelente diurético y depurativo. Regenera la sangre. Elimina el ácido úrico sobrante. Antioxidante, antiinflamatorio, anticancerígeno, alcalinizante, remineralizante, cicatrizante e inmunoestimulante. También es un buen tónico digestivo y laxante. Muy beneficioso para los diabéticos, para el reuma y para la artrosis reumatoide.

## ACELGA

**Temporada:** de octubre a mayo.

**Propiedades nutricionales:** Rica en omega-3, vitamina A, C y K, hierro, calcio, magnesio y fibra.

**Propiedades terapéuticas:** Beneficiosa para la salud de los huesos, para aumentar la energía vital y estimular el sistema inmunitario. Regula el azúcar en la sangre. Es antiinflamatoria, antioxidante y anticancerígena.

Por su alto contenido en oxalatos, se recomienda tomarla, máximo, una vez a la semana, igual que las espinacas.

## BRÓCOLI

**Temporada:** de noviembre a febrero.

**Propiedades nutricionales:** Rico en calcio, magnesio, potasio, zinc, selenio, folatos, vitamina C, K y betacaroteno.

**Propiedades terapéuticas:** Potente antioxidante, alcalinizante y anticancerígeno, gracias a su contenido en sulforafano. Protege la piel, la vista y previene las cataratas. Fortalece los huesos y previene la osteoporosis. Estimula el sistema inmunitario. Reduce los niveles de azúcar en sangre.

## COL, COLES DE BRUSELAS Y COL CHINA (PAK CHOI)

**Temporada:** Encontramos coles de octubre a junio y coles de Bruselas de octubre a febrero.

**Propiedades nutricionales:** Ricas en fibra, vitaminas y minerales, sobre todo vitamina C, folatos y potasio. La col china, además, es rica en omega-3.

**Propiedades terapéuticas:** Como todas las crucíferas, las coles tienen grandes propiedades anticancerígenas, gracias a sus compuestos glucosinolados de grandes propiedades antitumorales. Grandes antioxidantes. Bloquea los radicales libres. Depurativa y diurética. Limpian el colon y son un excelente remedio para la acidez y las úlceras de estómago y duodeno. Como todas las verduras

diuréticas, es muy eficaz en el tratamiento de la diabetes, obesidad, ácido úrico
y enfermedades del corazón relacionadas con la retención de líquidos. Estimula
el sistema inmunitario. Todas las coles tienen propiedades antiinflamatorias,
antirreumáticas y antiartríticas.

Aunque habrás oído decir que las crucíferas contienen goitrógenos, que podrían
inhibir la absorción del yodo en la glándula tiroides, esto no debe preocuparte si
no tienes carencia de este mineral.

## COL KALE

**Temporada:** de octubre a junio.

**Propiedades nutricionales:** Además de las propiedades de las coles, la col kale
es muy proteica. Aporta todos los aminoácidos esenciales a nuestro organismo.
Es la col más rica en hierro y en calcio. La col kale contiene más hierro por caloría
que la carne y más calcio por caloría que la leche. Muy rica también en potasio,
omega-3, folatos, vitamina A, C y K. Es la col más rica en clorofila, por lo tanto es la
que más limpia el organismo.

**Propiedades terapéuticas:** Gran antioxidante y anticancerígena. Depurativa
y diurética. Protege de enfermedades cardiovasculares y degenerativas.
Indicada para prevenir la osteoporosis y para mantener una buena salud ósea.
Antiinflamatoria, antirreumática y antiartrítica. Muy vigorizante y alcalinizante,
gracias a su alto contenido en hierro y clorofila.

## COL LOMBARDA

**Temporada:** de octubre a junio.

**Propiedades nutricionales:** Puesto que también pertenece a la familia de las
crucíferas, además de las propiedades de las coles, se le añaden las propiedades
del fitoquímico que le da el color azul-violeta: la antocianina.

**Propiedades terapéuticas:** Detiene en envejecimiento destruyendo los radicales
libres. Regula la actividad neoplástica en las metástasis. Preserva la memoria y
estimula el cerebro. Protege el sistema cardiovascular. Protege de las infecciones
del aparato urinario. Regenera la retina y previene las cataratas. Muy beneficiosa
para la salud de la piel, uñas y cabello. Previene la osteoporosis. Reduce el riesgo
de Alzheimer. Sana las úlceras y, gracias a sus glucosinolatos, la lombarda nos
ayuda a eliminar las sustancias tóxicas del cuerpo.

## COLIFLOR

**Temporada:** de noviembre a febrero.

**Propiedades nutricionales:** Rica en vitamina C, folatos, fósforo, calcio y hierro.

**Propiedades terapéuticas:** Como todas las crucíferas, las coliflores tienen
grandes propiedades anticancerígenas, gracias a sus compuestos glucosinolatos
de grandes propiedades antitumorales. Excelente anticancerígena y antioxidante.
Protege el corazón y es una gran diurética. Estimula el sistema inmunitario y es
antiinflamatoria, antirreumática, antiartrítica y protege los huesos.

## COLIRRÁBANO

**Temporada:** de octubre a febrero.

**Propiedades nutricionales:** Como buena crucífera, el colirrábano es rico en vitamina C, vitaminas del grupo B, betacaroteno, magnesio, calcio, potasio y hierro.

**Propiedades terapéuticas:** Antioxidante, antibacteriano, antiinflamatorio y anticancerígeno. Favorece la digestión y protege el corazón y el aparato digestivo. Es un buen reguladora hormonal. Ayuda a mantener la salud de los huesos.

## BERROS, CANÓNIGOS, RÚCULA, HOJAS DE MOSTAZA Y LA MAYORÍA DE HOJAS SILVESTRES

**Temporada:** todo el año.

**Propiedades nutricionales:** Ricas en yodo, hierro, potasio, fósforo, folatos, vitamina A, B y C. También contienen vitamina B6, E y ácidos grasos omega-3.

**Propiedades terapéuticas:** Como todas las verduras de hoja verde, el color verde es gracias a los poderosos fitonutrientes luteína y zeaxantina, que convierten estas verduras en poderosos antioxidantes y anticancerígenos. Las hojas verdes tienen propiedades depurativas y son alcalinizantes por su alto contenido en clorofila. Mejoran la digestión y la salud del colon y la flora intestinal. Aportan energía y vitalidad.

## DENTE DE LEÓN

**Temporada:** todo el año.

**Propiedades nutricionales:** Se trata de una de las fuentes más ricas de betacarotenos, también contiene luteína, zeaxantina y criptoxantina, vitamina K1, folatos, riboflavinas, piroxidina, niacina, vitaminas E y C y minerales como magnesio, calcio, potasio, manganeso y hierro.

**Propiedades terapéuticas:** Antioxidante, anticancerígeno y alcalinizante. Laxante y diurético. Tónico digestivo, estimula el apetito y es un buen remedio para las alteraciones gástricas. Limpia el hígado y ayuda en los problemas de la vejiga y la vesícula biliar. Efectos antivirales.

Igual que las hojas silvestres, el diente de león está por todas partes. Sal al jardín o vete al campo que tengas más cerca de casa y allá lo encontrarás a patadas, fresco, ecológico y lleno de vitalidad.

## ENDIVIAS

**Temporada:** de diciembre a abril.

**Propiedades nutricionales:** Ricas en betacarotenos, vitamina C, E, folatos, potasio y calcio.

**Propiedades terapéuticas:** Antioxidantes y anticancerígenas. Favorecen la salud del sistema cardiovascular. Estimulan el hígado y la digestión. Activan el sistema inmunitario y tienen efectos antivirales.

## ESPINACAS

**Temporada:** de noviembre a mayo.

**Propiedades nutricionales:** Ricos en vitamina A, C, K, folatos, calcio, hierro, magnesio, potasio, sodio, fósforo y yodo.

**Propiedades terapéuticas:** Gracias a sus fitoquímicos, el betacaroteno, la luteína y la zeaxantina, son grandes anticancerígenas y antioxidantes. También protegen la salud de la piel y la vista. Beneficiosas para el sistema cardiovascular y también para los sistemas reproductores femenino y masculino. Son vigorizantes, gracias a su alto contenido en hierro.

Igual que las acelgas, contienen dosis altas de oxalatos. Es por esto que recomiendo comerlas una o dos veces por semana a lo sumo.

## RABANITOS

**Temporada:** todo el año.

**Propiedades nutricionales:** Pertenece a la familia de las crucíferas, siendo la que más contenido de vitamina C presenta. También aporta muchos minerales.

**Propiedades terapéuticas:** Grandes antioxidantes y anticancerosos. Protegen la vista, el cabello, los tendones y la piel. Aumentan la absorción del hierro y son antianémicos. Son muy depurativos, diuréticos y protectores del sistema urinario. Estimulan y sanan el hígado y favorecen el drenaje de la vesícula biliar y la eliminación de toxinas del cuerpo. Protegen el corazón y el aparato digestivo. Adelgazan y son excelentes quemagrasas. Antimicrobianos y expectorantes. Alivian los resfriados.

Sus hojas también son riquísimas y muy nutritivas. Las puedes incluir en las ensaladas, sopas y batidos verdes.

# HORTALIZAS Y FRUTOS DE LA HUERTA

### AJO

**Temporada:** se coge de octubre a abril y el resto del año lo encontramos almacenado.

**Propiedades nutricionales:** Es muy rico en minerales, sobre todo en potasio, fósforo, magnesio, zinc y yodo y en vitaminas B1, B3, B6, C y E.

**Propiedades terapéuticas:** El ajo es uno de los 4 antibióticos naturales por excelencia (los otros son la cebolla, el jengibre y el romero). Fortalece el sistema inmunitario. Tiene más de 60 componentes antivíricos y antibacterianos. Es un gran antioxidante, antifúngico y anticancerígeno.

### APIONABO (*CÉLÉRI*)

**Temporada:** de octubre a enero.

**Propiedades nutricionales:** Rico en fósforo, potasio, manganeso y vitaminas K, C, E y B6.

**Propiedades terapéuticas:** Antioxidante, antianémico y anticancerígeno. Protege el sistema inmunitario, el cardiovascular, el esqueleto y regula la tensión arterial. Previene la osteoporosis. Muy depurativo del hígado y evita la retención de líquidos.

### CALABAZA

**Temporada:** de setiembre a noviembre. En invierno la encontramos almacenada.

**Propiedades nutricionales:** Es rica en potasio, calcio, magnesio, hierro, boro, cobalto, zinc y vitaminas A y C. También contiene vitaminas del grupo B y E. Su color naranja es debido a los folatos y betacarotenos.

**Propiedades terapéuticas:** Antioxidante y anticancerígena. Ayuda a combatir los radicales libres. Favorece la digestión. Es una gran diurética y depurativa. Beneficiosa para la piel y la visión, gracias a sus carotenos. Es muy energética y vitalizante.

### CALABACÍN

**Temporada:** de mayo a octubre.

**Propiedades nutricionales:** Rico en vitamina C, betacarotenos, folatos, potasio, magnesio y luteína.

**Propiedades terapéuticas:** Diurético. Protege la piel, la vista, la retina y previene las cataratas.

Casi todas las propiedades se concentran en la piel, por lo tanto debe consumirse crudo y sin pelar.

### ALCACHOFA

**Temporada:** de noviembre a mayo.

**Propiedades nutricionales:** Rica en fibra, potasio, magnesio, hierro, calcio, fósforo, sodio y vitaminas del grupo B y vitamina A. También contiene proteína.

**Propiedades terapéuticas:** es una excelente depurativa y diurética. Adelgaza. Ayuda con la diabetes, la anemia, el estreñimiento, los cálculos biliares y el reuma. Muy digestiva y tónica del hígado. Alcalinizante.

## CEBOLLA

**Temporada:** de julio a setiembre. El resto del año la hallamos almacenada.

**Propiedades nutricionales:** Rica en azufre, fósforo, silicio, hierro, calcio, magnesio y sodio y vitaminas A, B y C. También contiene quercetina, otros aminoácidos y el sulfóxido aliína, el fitoquímico que lo convierte, junto con el ajo, en uno de los antibióticos naturales más potentes.

**Propiedades terapéuticas:** Después del ajo, es uno de los mejores antibióticos naturales. Antivírico y antibacteriano. Elimina los metales pesados. Antiparasitario intestinal. Es vigorizante y estimulador mental. Ayuda a limpiar la sangre.

## PEPINO

**Temporada:** de junio a octubre.

**Propiedades nutricionales:** Fuente excelente de potasio. También contiene folatos y vitamina C. El 95% del pepino es agua.

**Propiedades terapéuticas:** Depurativo, desintoxicante, diurético, antiinflamatorio y laxante. Muy beneficioso para la hipertensión, la gota y los cálculos renales. Muy recomendable en casos de artritis reumatoide.

## ESPÁRRAGOS

**Temporada:** de enero a junio.

**Propiedades nutricionales:** Rico en fibra, proteínas, folatos, potasio, azufre y vitaminas C, E y provitamina A (carotenos).

**Propiedades terapéuticas:** Excelente diurético. Facilita la digestión. Antiinflamatorio del colon. Antioxidante y alcalinizante. Mejora la salud de la vista, la piel, el cabello y las uñas. También es un buen estimulante del hígado.

## HINOJO

**Temporada:** de junio a diciembre.

**Propiedades nutricionales:** Rico en folatos, potasio, hierro, vitamina A y B3.

**Propiedades terapéuticas:** Facilita la digestión y sana la diarrea. Elimina el mal aliento. Es antianémico, estimula el sistema inmunitario y es anticancerígeno. Beneficioso para el sistema respiratorio y alivia los resfriados. Regula el colesterol y el sistema hormonal.

## NABO Y COLINABO

**Temporada:** de octubre a febrero.

**Propiedades nutricionales:** Como buenos crucíferos, el nabo y el colinabo son ricos en vitamina C, vitaminas del grupo B, calcio, potasio, hierro y magnesio.

**Propiedades terapéuticas:** Excelentes quemagrasas. Antioxidantes y anticancerosos. Protegen el aparato digestivo y la próstata. Favorecen y regulan la digestión.

Sus hojas están riquísimas y son muy nutritivas. Las puedes incluir en las ensaladas, sopas y batidos verdes.

## ZANAHORIA

**Temporada:** todo el año.

**Propiedades nutricionales:** Muy rica en vitamina A y potasio.

**Propiedades terapéuticas:** Muy antioxidantes. Antiparasitaria, astringente y antidiarreica. Muy beneficiosa para la visión, la piel, uñas, cabello, boca y encías. Reduce el colesterol. Desintoxicante. Favorece la salud de las mucosas. Estimula el intelecto.

No te olvides de la zanahoria violeta, que además de las propiedades de la común, contiene las superantioxidantes antocianinas, responsables del color violeta.

## PIMIENTO

**Temporada:** de mayo a octubre.

**Propiedades nutricionales:** Rico en calcio, fósforo, magnesio y vitaminas A, C, B1, B3, B6 y E. Su color rojo es gracias a un antioxidante rejuvenecedor muy potente.

**Propiedades terapéuticas:** Potente antioxidante y anticancerígeno. Protege el corazón y mejora la salud del sistema circulatorio. Alcalinizante.

El pimiento amarillo, además de anticancerígeno, desintoxica, mejora las úlceras, protege el sistema inmunitario, la piel, el sistema digestivo y la vista.

## PUERRO

**Temporada:** de octubre a marzo.

**Propiedades nutricionales:** Rico en fibra, potasio, folatos, selenio, vitamina C y hierro.

**Propiedades terapéuticas:** Antivírico y antibacteriano. Elimina los metales pesados. Antiparasitario intestinal. Es vigorizante y estimulador mental. Ayuda a limpiar la sangre.

## REMOLACHA

**Temporada:** todo el año.

**Propiedades nutricionales:** Rica en flavonoides, hierro, potasio, yodo, silicio, folatos (B9) y vitamina A y C.

**Propiedades terapéuticas:** Antioxidante, anticancerígena y antiinflamatoria. Rejuvenece. Regula la actividad neoplástica en las metástasis. Protege el sistema circulatorio y el corazón. Potencia la acción de la vitamina C. Estimula el cerebro y la memoria. Reduce los estrógenos. Saciante y diurética. Regula el metabolismo y es beneficiosa para el colesterol. Antianémica y tónica del hígado.

Las hojas de la remolacha multiplican sus propiedades con creces, pero conviene moderar su consumo ya que contienen oxalatos. Las hojas de la remolacha contienen 192 veces más vitamina A, 7 veces más calcio y 3 veces más hierro.

## TOMATE

**Temporada:** de mayo a noviembre.

**Propiedades nutricionales:** Rico en vitaminas C, E, B1 y B3 y carotenos precursores de vitamina A. También son ricos en potasio y fósforo.

**Propiedades terapéuticas:** Antioxidante, depurativo y diurético. Estimulante del sistema inmunitario. Regula la digestión. Alcalinizante y anticancerígeno.

## CHIRIVÍA

**Temporada:** de enero a mayo.

**Propiedades nutricionales:** Muy rica en vitamina C, folatos (B9) y vitamina E. También es rica en potasio, magnesio y fósforo.

**Propiedades terapéuticas:** Antioxidante y anticancerígena. Diurética y muy depurativa del hígado y la vesícula biliar. Antivírica y estimulante del sistema inmunitario. Estimula el intelecto.

# FRUTAS

### ALBARICOQUE

**Temporada:** de abril a agosto.

**Propiedades nutricionales:** Ricos en vitamina A, B3, hierro, potasio, magnesio, calcio, cobre y cobalto.

**Propiedades terapéuticas:** Antioxidantes, antiinflamatorios y anticancerígenos. Laxantes y reductores del colesterol malo. Protegen el sistema cardiovascular, la piel y la vista. Estimulan el sistema inmunológico. Remineralizan y vitalizan.

### AGUACATE

**Temporada:** de octubre a febrero.

**Propiedades nutricionales:** Rico en fibra, potasio, magnesio, vitamina C, vitamina E, folatos, antioxidantes, proteínas y grasas saludables.

**Propiedades terapéuticas:** Mejora la actividad muscular y alcaliniza, factores que hacen del aguacate una fruta estrella en la dieta de cualquier deportista. Regenera las células y promueve la formación de los glóbulos blancos y rojos. Gran antioxidante, gracias a su contenido en luteína y zeoxantina. Reduce el colesterol malo y previene enfermedades cardiovasculares y degenerativas. Regulador hormonal. Protector del sistema cardiovascular.

### POMELO

**Temporada:** de octubre a mayo.

**Propiedades nutricionales:** Muy rico en vitamina C, carotenoides, folatos y, en menor cantidad, potasio, magnesio y vitaminas B1, B2 y B3.

**Propiedades terapéuticas:** Antivírico, previene los resfriados y estimula el sistema inmunitario. Antianémico. Estimula el apetito y la digestión. Depurativo, antiséptico y diurético. Adelgaza y es antioxidante y anticancerígeno, gracias a sus flavonoides.

### CAQUI

**Temporada:** de octubre a diciembre.

**Propiedades nutricionales:** Rico en vitamina A, carotenoides, vitamina C y potasio.

**Propiedades terapéuticas:** Gran antioxidante y anticancerígeno. Antiviral, antiséptico y estimulante inmunitario. Diurético y limpiador. Energético y vitalizante.

### LIMÓN

**Temporada:** todo el año.

**Propiedades nutricionales:** Muy rico en vitamina C y bioflavonoides. También contiene minerales.

**Propiedades terapéuticas:** Antioxidante y alcalinizante. Estimulante del sistema inmunitario. Crea defensas contra virus y bacterias, gracias a los bioflavonoides, y es el antiséptico natural por excelencia. Antianémico. Protege el corazón, la vista, las uñas y el cabello. Favorece la digestión. Es antihemorrágica. Combate la hipertensión. Alivia las úlceras bucales y el dolor de garganta. Elimina las toxinas de nuestro organismo y es un magnífico depurativo. Refuerza el hígado, estimula las secreciones biliares y facilita la metabolización de las grasas.

### FRESA

**Temporada:** de febrero a julio.

**Propiedades nutricionales:** Fuente excelente de vitamina C, carotenoides y antocianinas, fitoquímico que le da el color rojo.

**Propiedades terapéuticas:** Antioxidante, anticancerígena y protectora del corazón. También es antiinflamatoria, astringente y remineralizante. Tiene propiedades antirreumáticas y antiartríticas. Son alcalinizantes y vitalizantes.

### GRANADA

**Temporada:** de setiembre a noviembre.

**Propiedades nutricionales:** Rica en vitamina C, B1, B2, betacaroteno, potasio, calcio, flavonoides, polifenoles y taninos. También nos aporta magnesio, fósforo y hierro.

**Propiedades terapéuticas:** Muy antioxidante, anticancerígena, antiinflamatoria, antiséptica y astringente, gracias a sus taninos y flavonoides. Desinflamatoria de la mucosa intestinal. Beneficiosa en caso de diarrea y cólicos intestinales. Es depurativa y antiparasitaria.

### MELÓN

**Temporada:** de junio a octubre.

**Propiedades nutricionales:** Muy rico en potasio, vitamina A, C, folatos (B9), calcio y sodio.

**Propiedades terapéuticas:** Antioxidante, diurético, laxante e hidratante. Protector del sistema cardiovascular.

### PAPAYA

**Temporada:** de octubre a mayo.

**Propiedades nutricionales:** Muy rica en fibra, vitamina C, betacarotenos, calcio y potasio.

**Propiedades terapéuticas:** Excelente desintoxicante, diurética y antiinflamatoria. Protege contra la artritis reumatoide. Ayuda a formar glóbulos rojos. Estimula el sistema inmunitario. Antiséptica y antibacteriana. Favorece la absorción del hierro. Mejora el tránsito intestinal y es una gran prebiótica. Antiparasitaria.

## PERA

**Temporada:** de agosto a octubre.

**Propiedades nutricionales:** Rica en fibra, vitamina A, C, folatos, magnesio y potasio.

**Propiedades terapéuticas:** Antioxidante, astringente y depurativa. Ayuda a controlar el azúcar en los diabéticos. Beneficiosa en los trastornos digestivos. Descalcifica las arterias y ayuda a reducir la tensión arterial.

## PIÑA

**Temporada:** todo el año.

**Propiedades nutricionales:** Rica en vitaminas A, C y B9 (folatos). También es rica en fibra, potasio y yodo.

**Propiedades terapéuticas:** Gran reguladora del metabolismo. Antioxidante, laxante, diurética, saciante y prebiótica. Ayuda a digerir las proteínas y reduce el colesterol. Mejora la sinusitis. Inmunoestimulante.

## MANZANA

**Temporada:** de agosto a noviembre. El resto del año la encontramos almacenada.

**Propiedades nutricionales:** Rica en fibra, vitamina C, vitaminas del grupo B, calcio, fósforo y potasio.

**Propiedades terapéuticas:** Antioxidante, anticancerígena, antibacteriana, antidiarreica y depurativa. Refuerza el sistema inmunitario. Gracias a su pectina, regula el colesterol y el azúcar de la sangre. Favorece el tránsito intestinal y es una buena antiinflamatoria intestinal, diurética y desintoxicante. Protege el sistema cardiovascular y respiratorio.

## MELOCOTÓN Y NECTARINA

**Temporada:** de junio a octubre (la nectarina de junio a setiembre).

**Propiedades nutricionales:** Ricos en vitamina A, potasio, magnesio, zinc y selenio.

**Propiedades terapéuticas:** Antioxidantes y anticancerígenos. Laxantes y reductores del colesterol malo. Protegen el sistema cardiovascular, la piel y la vista. Estimulan el sistema inmunológico.

## CIRUELA

**Temporada:** de abril a setiembre.

**Propiedades nutricionales:** Rica en betacarotenos, vitamina C, potasio, magnesio y calcio.

**Propiedades terapéuticas:** Antioxidante y anticancerígena, sobre todo las variedades azules y rojas, gracias a las potentes antocianinas (flavonoides). Fruta muy energética, antiséptica, diurética, laxante, reguladora del colesterol, antiinflamatoria, desintoxicante y estimulante.

## UVA

**Temporada:** de setiembre a enero.

**Propiedades nutricionales:** Rica en vitamina C, betacarotenos, antioxidantes, potasio, cobre y hierro. También contiene calcio, selenio, fósforo y magnesio.

**Propiedades terapéuticas:** Gracias a sus fitonutrientes antioxidantes, la uva es una excelente rejuvenecedora, depurativa, antiinflamatoria, antimicrobiana y anticancerígena. También es una gran protectora del corazón y de las arterias. Vasodilatadora. Diurética, laxante, remineralizante y vitalizante.

## SANDÍA

**Temporada:** de junio a agosto.

**Propiedades nutricionales:** El 95% de la sandía es agua. Es rica en betacarotenos, vitamina C, B6, potasio y manganeso.

**Propiedades terapéuticas:** Hidratante, diurética, depurativa y digestiva. Antioxidante y anticancerígena. Protectora del corazón y antiinflamatoria de la vejiga.

BROTES

GERMINADOS

# BROTES Y GERMINADOS

Los brotes y germinados también son superalimentos, porque en muy poca cantidad de sustancia se recogen grandes cantidades de nutrientes.

Has de saber que no es lo mismo el brote que el germinado.

El brote es la planta o microverdura (plantel) cuando se alza unos centímetros por encima del suelo, resultante de plantar una semilla.

Los germinados, en cambio, son el estadio anterior del brote, justo cuando el germen de la semilla despierta y empieza a desarrollarse o también cuando la semilla ha germinado en el aire en vez de germinar en la tierra. Este sería el caso de las semillas que germinamos en casa en un tarro de vidrio, por ejemplo.

Tanto el brote como el germinado, los utilizamos en las sopas, bien para decorarlas aportando un extra nutricional o bien como ingrediente licuado en la sopa.

Los brotes y los germinados, en comparación con su semilla:

- Han activado sus enzimas y se han eliminado los inhibidores digestivos y otras sustancias tóxicas.
- Han transformado el almidón en azúcares simples (maltosa y dextrina), gracias a sus enzimas.
- La vida se manifiesta en su forma más activa, joven y rebelde, aportando al brote grandes dosis de energía vital.
- Han transformado las proteínas en aminoácidos.
- Han transformado las grasas en ácidos grasos.
- Sus minerales se movilizan y las vitaminas se sintetizan.
- Han sintetizado la clorofila y los ha convertido en alcalinizantes y limpiadores del organismo.

Es tanta su riqueza nutricional que conviene que formen parte de cualquier dieta saludable, mucho más que las algas, puesto que, al provenir de aguas contaminadas, tengo dudas sobre su salubridad.

Los brotes y germinados cultivados en casa de forma ecológica y autosuficiente nos aseguran una aportación nutricional muy elevada sin intoxicarnos y, además, resultan muy económicos.

Aquí tenéis un listado de los brotes y germinados que utilizo más, tanto por sus propiedades nutricionales como por las organolépticas:

| BROTES | GERMINADOS |
| --- | --- |
| Albahaca | Alfalfa |
| Col lombarda | Ajo |
| Col kale | Brócoli |
| Cilantro | Cebolla |
| Espárrago | Col kale |
| Girasol | Berros |
| Perejil | Alholva |
| Zanahoria | Puerro |
| Guisante | Rábano |
| Rábano | Remolacha |
| Rúcula | Rúcula |

# HIERBAS Y ESPECIAS

### ALBAHACA

**Temporada:** de mayo a agosto.

**Propiedades:** La albahaca es un tónico digestivo. También es muy beneficiosa para las jaquecas. Como todas las hojas verdes, es rica en clorofila y antioxidantes.

**Combina bien con:** el tomate, el calabacín, la manzana y el pepino.

### ENELDO

**Temporada:** de mayo a julio.

**Propiedades:** El eneldo es un tónico digestivo, carminativo y antiespasmódico. Facilita la digestión y es diurético. También tiene propiedades sedantes.

**Combina bien con:** todas las verduras crudas, sobre todo con las coles, el brócoli, el calabacín, la manzana y el pepino.

### CLAVO

**Temporada:** todo el año.

**Propiedades:** Antiséptico, antibacteriano y antiinflamatorio. Alivia los dolores. Es antidiarreico y carminativo (elimina los gases intestinales). Tónico digestivo. Regula el colesterol.

**Combina bien con:** las raíces y la calabaza.

### CILANTRO

**Temporada:** de mayo a octubre.

**Propiedades:** Alcalinizante, antioxidante y antiinflamatorio. Antibacteriano, depurativo y carminativo (elimina los gases intestinales). Es vigorizante y ayuda a combatir el estrés.

**Combina bien con:** el aguacate, las verduras de hoja verde, las raíces, el pepino, la manzana, la pera y el mango.

### CÚRCUMA

**Temporada:** todo el año.

**Propiedades:** La cúrcuma es utilizada en India desde hace miles de años por sus propiedades antiinflamatorias, antioxidantes y antibacterianas. Fortalece el sistema inmunitario y es rica en calcio, fósforo, hierro y vitaminas A, C y E.

**Combina bien con:** todas las hortalizas, sobre todo las raíces.

### TOMILLO

**Temporada:** primavera.

**Propiedades:** Antiséptico, antioxidante y expectorante. Tónico digestivo y carminativo. Antirreumático. Favorece el sistema nervioso y circulatorio.

**Combina bien con:** la cebolla, el perejil, el ajo y el laurel. Añade a tus sopas de invierno o a las que quieras que te transporten al bosque.

### JENGIBRE

**Temporada:** todo el año.

**Propiedades:** es rico en vitamina A, C, B1, B2, B6, potasio, calcio, magnesio, fósforo y hierro. El jengibre es muy beneficioso para tratar afecciones gastrointestinales y respiratorias. Mejora la absorción y asimilación de nutrientes. Es antiviral y un excelente antibiótico natural. Estimula el páncreas y favorece la digestión y la circulación de la sangre. Es un buen remedio contra los vómitos, las náuseas y los mareos. Gran vigorizante y antidepresivo.

**Combina bien con:** las hojas verdes, los cítricos, la manzana y la calabaza.

### PEREJIL

**Temporada:** todo el año.

**Propiedades:** Muy rico en clorofila y hierro. Antioxidante, diurético y antiinflamatorio. Regula la menstruación y reduce los dolores menstruales. Tonifica el corazón y estimula la digestión y el hígado.

**Combina bien con:** todas las hortalizas y verduras.

### MENTA

**Temporada:** de abril a octubre.

**Propiedades:** Rica en carotenoides, clorofila, vitamina C, B6, B9, hierro y manganeso. Contiene todos los aminoácidos esenciales y ácidos grasos esenciales omega-3. Digestivo natural, refrescante, estimulante del hígado y antiparasitaria. Broncodilatadora, anticoagulante y descongestionante. Muy depurativa y regeneradora de la sangre.

**Combina bien con:** sopas refrescantes, cítricos y frutas de verano.

### ORÉGANO

**Temporada:** de junio a octubre.

**Propiedades:** Digestivo, carminativo, antiséptico, antibiótico natural, antivírico, antiparasitario, antiinflamatorio, antialérgico y anticancerígeno.

**Combina bien con:** casi todas las verduras y hortalizas.

### ROMERO

**Temporada:** de junio a octubre.

**Propiedades:** Tónico energético y vigorizante. Rejuvenecedor. Antiséptico. Muy buen tónico circulatorio, mental y para la memoria. Mejora las varices. Es antiinflamatorio. Digestivo.

**Combina bien con:** casi todas las verduras y hortalizas de otoño e invierno.

# ACEITES Y SEMILLAS

Es importante añadir grasas esenciales a nuestras sopas para garantizar la aportación suficiente de nutrientes. Los añadiremos de forma equilibrada y ligera, a fin de garantizar la labor depurativa del organismo. Y, sobre todo, de gran calidad. Cuando compres aceites y semillas, escoge siempre la opción **ecológica**, que te garantiza el prensado en frío, no contienen químicos y mantiene sus propiedades y vitaminas.

Los aceites calentados no solo pierden sus propiedades, sino que convierten sus grasas saludables en grasas saturadas y los ácidos grasos esenciales, como el omega-3 y el omega-6, se han deteriorado y no pueden ser aprovechados por el organismo.

Más adelante, te detallo las propiedades de los aceites y las semillas que he utilizado en las recetas de este libro y que considero los más saludables y de proximidad.

En el listado de aceites vegetales, verás que algunos aceites nos aportan omega-3, otros omega-6 y el de oliva, omega-9. ¿Cuál escoger? Pues una combinación de dos aceites con ácidos grasos esenciales diferentes en nuestra despensa es lo ideal. Pero ¿cuáles son estos ácidos grasos esenciales?

## ÁCIDOS GRASOS ESENCIALES, OMEGA-3 Y OMEGA-6

Los ácidos grasos insaturados se dividen en monoinsaturados (omega-9) y poliinsaturados (omega-3 y omega-6). El monoinsaturado más típico es el ácido oleico y lo hallamos en el aceite de oliva. Los poliinsaturados también se conocen como ácidos grasos esenciales, porque los humanos no los podemos sintetizar y los tenemos que obtener a través de la dieta. El omega-6 está representado por el ácido linoleico y el omega-3 por el ácido alfa-linolénico.

Con esta pequeña explicación, ahora sabes que hace falta asegurarnos una ingesta suficiente de ácidos grasos omega-3 y omega-6. Pero lo que quizás todavía no sabes es que estos dos ácidos grasos esenciales necesitan ingerirse juntos y en una proporción equilibrada para que sean saludables y efectivos.

Los ácidos grasos esenciales, tanto el omega-3 como el omega-6, están presentes de forma equilibrada en todas las plantas. El problema se ha producido con la revolución agrícola e industrial, que ha hecho que disminuyan los nutrientes de las plantas y aumenten los alimentos procesados con grasas ricas en omega-6 y pobres en omega-3. Esto hace que hoy en día la ingesta de los ácidos grasos esenciales sea totalmente desproporcionada, llegando a ser de omega-6 a omega-3 de 10-20:1 en vez de la recomendada 1-4:1. Eso es, de **una a cuatro partes de omega-6 por cada parte de omega-3**.

Los ácidos grasos **omega-3 y omega-6** regulan los procesos fisiológicos relacionados con el metabolismo y crecimiento celular y la estructura cerebral. Por lo tanto, su déficit provocará procesos fisiológicos de deshidratación dérmica, caída del cabello, problemas respiratorios, anemias, disfunciones del hígado e infecciones de todo tipo.

**Encontramos los ácidos grasos omega-3 en todas las verduras de hoja verde, en el aceite de las semillas de lino, en las semillas de chía molidas, en las semillas de cáñamo peladas y en las nueces, y hallamos los ácidos grasos omega-6 en todos los aceites vegetales, semillas y frutos secos.**

¡Pero cuidado! Los ácidos grasos omega-6 necesitan ser ingeridos con los ácidos grasos omega-3 a fin de que puedan acumularse en las membranas celulares. Por lo tanto, una sopa de hojas verdes con una cucharada de aceite vegetal rico en omega-6 estará suficientemente equilibrada y una sopa de raíces con media cucharada de aceite rico en omega-3 y media cucharada más de aceite rico en omega-6 también estará bien equilibrada.

Recuerda siempre equilibrar los dos tipos de grasas, omega-3 y omega-6, para que puedan ser efectivas en nuestro organismo. En este punto conviene que sepas:

**1.** **SI ERES VEGETARIANO**, si aportas a tu organismo las proteínas a través de los frutos secos (ricos en omega-6) y complementas la dieta con un par de los aceites que relaciono a continuación (omega-3, 6 y 9), probablemente tu ingesta de ácidos grasos esenciales esté **desequilibrada**.

**2.** **SI ERES VEGETARIANO**, si aportas a tu organismo las proteínas a través de los brotes y las verduras de hoja verde y las crucíferas (ricas en omega-3) y complementas la dieta con un par de los aceites que relaciono a continuación (omega-3, 6 y 9), probablemente tu ingesta de ácidos grasos esenciales esté **equilibrada**.

**3.** **LOS ÁCIDOS GRASOS OMEGA-3, AL SER POLIINSATURADOS, NO SOPORTAN EL CALOR**, por consiguiente, los ácidos grasos omega-3 del pescado azul no son efectivos si se ingieren cuando han sufrido calentamiento. Por lo tanto, **un pescado azul a la plancha o al vapor no aporta omega-3**

**4.** "ALLÁ DONDE EL ACEITE DE LINAZA FORME PARTE DE LA DIETA DE LA GENTE, HABRÁ MÁS SALUD". Mahatma Gandhi.

## ACEITE DE LINAZA

- El aceite de linaza es el más rico en **omega-3** (ácido alfa-linolénico).
- El 50-65% de este aceite es omega-3 y el 15-20% es omega-6. Una proporción ideal.
- El aceite de linaza se oxida muy fácilmente. Guárdalo en la nevera y dentro de una bolsa de papel para que no le toque la luz.
- Puedes ponerlo en todas las sopas crudas y ensaladas.
- Cantidad recomendada diaria: de 1 a 2 cucharadas soperas.

## ACEITE DE CÁÑAMO

- El 80% del aceite de cáñamo está formado por ácidos grasos esenciales, de los que el 53% son del tipo **omega-6**, el 15% son **omega-3** y el 12% son **omega-9**.
- Aporta vitaminas A, B, C, D y E y algunos minerales como el hierro, el calcio y el fósforo.
- El aceite de cáñamo también tiene propiedades terapéuticas muy interesantes para la salud de la piel: la hidrata, la nutre, la cura de posibles problemas de piel, uñas y cabello y rejuvenece. También tiene propiedades antiinflamatorias y es un buen regulador hormonal.
- Puedes ponerlo en todas las sopas crudas y ensaladas.
- Cantidad recomendada diaria: de 1 a 2 cucharadas soperas.

## ACEITE DE SÉSAMO

- El aceite de sésamo es rico en ácidos grasos **omega-6**.
- Aporta muchos minerales, sobre todo magnesio, y es rico en fosfolípidos, que tonifican el intelecto y la memoria.
- Tiene muchas propiedades terapéuticas en el tratamiento de la piel y el cabello.
- Como contiene vitamina E, que es antioxidante, este aceite no se oxida tan fácilmente y se conserva más tiempo manteniendo sus propiedades.
- Puedes ponerlo en todas las sopas crudas y ensaladas.
- Cantidad recomendada diaria: 1 cucharada sopera.

## ACEITE DE SEMILLAS DE CALABAZA

- El aceite de semillas de calabaza es **rico en proteínas (35%)** y en ácidos grasos **omega-3** y **omega-9** (40%), en una proporción muy equilibrada, ya que el contenido de omega-3 es el doble que el de omega-9.
- Es uno de los aceites más remineralizantes por su riqueza en minerales. Nos aporta: selenio, zinc, magnesio, manganeso, hierro, cobre y potasio. También nos aporta muchas vitaminas.
- El aceite de semillas de calabaza es tan **remineralizante** que lo podemos usar en épocas de cansancio, caída del cabello, uñas frágiles, vista cansada, etc. También es muy beneficioso para el sistema cardiovascular y para mantener a raya el colesterol y los triglicéridos. Es antiinflamatorio y también un excelente antiparasitario.
- Puedes ponerlo en todas las sopas crudas y ensaladas.
- Cantidad recomendada diaria: de 1 a 2 cucharadas soperas.

## ACEITE DE OLIVA

- El 80% del aceite de oliva es ácido oleico **(omega-9)**.
- El aceite de oliva es un buen aceite para la cocina de fogones porque al ser de calidad de grasas monoinsaturadas **(omega-9)** es el único que soporta el calor. Pero en la dieta cruda los ácidos grasos omega-9 no son demasiado interesantes, ya que nuestro organismo es capaz de sintetizarlos sin necesidad de ingerirlos a través de la dieta. Por consiguiente, **en crudo, siempre optaremos, preferiblemente, por cualquiera de los aceites anteriores**.
- Es un aceite de muy buenas cualidades organolépticas y es de proximidad, ya que solo se cultiva en el Mediterráneo.


## SEMILLAS DE CÁÑAMO PELADAS

- Las semillas de cáñamo son una de las mejores, más limpias y más digestivas fuentes de proteína y grasas de la dieta fisiológica (cruda vegana).
- 100 gramos de semillas de cáñamo nos aportan 25 gramos de **proteína** (toda la que necesitamos en un día), 35 gramos de carbohidratos y 35 gramos de ácidos grasos esenciales **omega-3** y **omega-6**.
- Aporta **todos los aminoácidos esenciales**, cosa que lo convierte en un alimento muy proteico en la alimentación vegana.
- Junto con los ácidos grasos, aporta vitaminas A, B, C, D y E, factores que le dan a la semilla de cáñamo una excelente calidad antioxidante y protectora del sistema inmunitario. También nos aporta hierro, fósforo y calcio.
- Cantidad recomendada diaria: de 1 a 2 cucharadas soperas.

# RECETAS

# SOPA DE CALABACÍN Y BERROS DE AGUA AL CILANTRO

Una sopa muy diurética, ligera, tonificante y digestiva que te aportará grandes dosis de vitalidad, antioxidantes, vitaminas y minerales para afrontar el día con alegría a la vez que te depura y te rejuvenece. Es una buena sopa para mantener la vista saludable y prevenir las cataratas.

**PREPARACIÓN: 2'**
**MACERACIÓN: 30'**
**2 RACIONES**
**PRIMAVERA Y VERANO**

1 calabacín mediano

1 T de berros de agua
(también puedes utilizar canónigos)

15 hojas de cilantro fresco

1 C de aceite de linaza

1 C de zumo de limón

1/4 c de sal

1 T de agua filtrada

Lava el calabacín y córtalo en dados pequeños. No lo peles. En la piel se concentran la mayoría de sus vitaminas.

Pon el calabacín en un bol junto con los berros, el cilantro, el aceite, el zumo de limón y la sal. Déjalo macerar durante un rato. Ideal de 30 minutos a 1 hora.

Coloca todos los ingredientes en el vaso de la batidora y tritúralo durante 40 segundos.

✚ **DECORA CON UNAS HOJAS** de cilantro y germinados. Puedes sustituir el aceite de linaza por aceite de cáñamo.

## PROPIEDADES

- superdetox
- diurética
- anticándida
- alcalinizante
- digestiva
- buena para la piel
- buena para la vista
- antiinflamatoria
- vitalizante
- rica en omega-3
- antioxidante
- anticáncer

# SOPA DE 3 RAÍCES

Esta sopa, dulce y vitalizante, te arraigará, te reconfortará y te aportará muchos minerales y antioxidantes. También es un buen tónico intelectual, gracias a la energía que aportan las raíces.

**PREPARACIÓN: 2'**
**MACERACIÓN: 30'**
**2 RACIONES**
**TODO EL AÑO**

1 remolacha pequeña

2 zanahorias medianas

1 chirivía pequeña

1/2 diente de ajo

2 C de zumo de limón

2 C de aceite de linaza

1/4 c de comino molido

1/4 c de sal

1 T de agua filtrada

Pela y corta en dados la remolacha, las zanahorias y la chirivía.

Colócalas en un bol de vidrio y añade el medio diente de ajo, el zumo de limón, la sal, las especias y el aceite. Remuévelo bien y deja macerar durante un rato, de 30 minutos a 2 horas.

Ponlo todo en el vaso de la batidora junto con la taza de agua filtrada y tritúralo a velocidad máxima durante 40 segundos.

**+ DECORA CON BROTES** de remolacha, brotes de rábano y cilantro en grano, acabado de moler, para aumentar la vitalidad de esta sopa.

## PROPIEDADES

- superdetox
- diurética
- antiparasitaria
- depura el hígado
- buena para la piel
- buena para la vista
- digestiva
- antiinflamatoria
- antidiarreica
- vitalizante
- saciante
- antianémica
- rica en omega-3
- anticáncer
- antioxidante
- estimula el intelecto

# SOPA DE COL BLANCA

Esta sopa nos enseña lo muy digestiva que puede resultar la col cruda cuando nos la comemos bien combinada. Una receta simple, de solo dos ingredientes, pero con grandes dosis de componentes antioxidantes, antitumorales y depurativos. Ideal para desinflamar los intestinos y las articulaciones y para eliminar líquidos retenidos.

**PREPARACIÓN: 2'**
**MACERACIÓN: 20'**
**2 RACIONES**
**OTOÑO, INVIERNO Y PRIMAVERA**

1/4 de col blanca

1 manzana golden o granny smith

1/2 diente de ajo (opcional)

1 ramita de eneldo fresco (solo las hojas)

2 C de aceite de linaza

1/2 c de sal

1 T de agua filtrada

Lava y corta la col y la manzana sin pelar.

Colócalas en un bol de vidrio y añade el medio diente de ajo, el eneldo, la sal y el aceite. Remueve bien y déjalo macerar durante un rato, de 20 minutos a 1 hora.

Ponlo todo en el vaso de la batidora junto con la taza de agua filtrada y tritúralo a velocidad máxima durante 40 segundos

✚ **FUERA DEL PLAN DETOX**, puedes decorar esta sopa con unos chips de col kale (receta al final).

## PROPIEDADES

- superdetox
- diurética
- antiartritis
- previene la diabetes
- antirreuma
- antiinflamatoria
- antidiarreica
- inmunoestimulante
- antiacidez
- antianémica
- hipotiroidismo
- rica en omega
- anticáncer
- antioxidante

# GAZPACHO DE FRESA

Una deliciosa versión de primavera (y sin solanáceas) de la típica sopa cruda de verano. Esta versión del gazpacho es la más indicada para personas con problemas en las articulaciones, que deben evitar el tomate y el pimiento.

**PREPARACIÓN: 2'**
**2 RACIONES**
**PRIMAVERA Y PRINCIPIOS DE VERANO**

1 pepino pequeño

100 g de fresas eco

2 C de aceite de linaza

2 C de zumo de limón

1 diente de ajo pequeño

1/2 c de sal

1 T de agua filtrada

Lava el pepino y córtalo en dados pequeños. No lo peles. En la piel es donde está la mayor parte de sus vitaminas.

Lava las fresas. Si dispones de una buena batidora, puedes dejar la cola y las hojas, que tienen muchos antioxidantes y propiedades digestivas y curativas.

Coloca todos los ingredientes en el vaso de la batidora y tritúralo a velocidad máxima durante 30 segundos.

✚ **DECORA CON UNOS BROTES** de rúcula o berros. También puedes añadir unos dados de pepino.

**PROPIEDADES**

- superdetox
- diurética
- antiartritis
- antirreuma
- antiinflamatoria
- vitalizante
- rica en omega-3
- antioxidante
- anticáncer

# SOPA DE BROTES DE GUISANTE Y AGUACATE

Una sopa energética, antioxidante y alcalinizante, rica en proteínas y ácidos grasos esenciales a base de microverduras que puedes cultivar fácilmente en casa. Sus grasas te abrazarán y te reconfortarán. Ideal también para deportistas haciendo detox o detoxistas haciendo deporte, gracias a su riqueza en omegas y potasio.

**PREPARACIÓN: 2'**
**2 RACIONES**
**TODO EL AÑO**

30 g de brotes de guisantes

1/2 aguacate mediano

1 C de aceite de cáñamo

7 hojas de orégano fresco

2 C de zumo de limón

1/4 c de sal

1 T de agua filtrada

Pela y deshuesa el aguacate.

Coloca todos los ingredientes en el vaso de la batidora y tritúralo a velocidad máxima durante 30 segundos.

**✚ DECORA CON UNOS BROTES** de guisante y unas semillas de cáñamo pelado para aumentar las grasas y las proteínas.

**PROPIEDADES**

- superdetox
- alcalinizante
- detox y deporte
- anticándida
- buena para la vista
- vitalizante
- antiinflamatoria
- buena para el corazón
- rica en omega-3
- antioxidante
- anticáncer
- superproteína

# SOPA DE COL LOMBARDA

¿Has visto qué color más espectacular tiene esta sopa? Pues este color violeta de la col lombarda se debe a un pigmento fitoquímico, la antocianina, que es superantioxidante y nos rejuvenece, a la vez que nos mantiene serenos, inteligentes, alegres, brillantes y vitales.

**PREPARACIÓN: 4'**
**MACERACIÓN: 20'**
**2 RACIONES**
**OTOÑO, INVIERNO Y PRIMAVERA**

100 g de col lombarda

1 manzana granny smith

1/2 diente de ajo

1 C de aceite de cáñamo

1 C de semillas de cáñamo peladas (para decorar)

1/4 c de sal

1 T de agua filtrada

Lava y corta la col y la manzana, sin pelar.

Colócalas en un bol de vidrio y añade el medio diente de ajo, la sal y el aceite. Remuévelo bien y deja macerar durante un rato, de 20 minutos a 1 hora.

Ponlo todo en el vaso de la batidora junto a la taza de agua filtrada y tritúralo a velocidad máxima durante 40 segundos.

✚ **PUEDES DECORAR** esta sopa con unas semillas de cáñamo pelado y chucrut de lombarda.

## PROPIEDADES

- superdetox
- diurética
- antiartritis
- previene la diabetes
- inmunoestimulante
- antirreuma
- antiinflamatoria
- buena para la vista
- buena para el corazón
- baja el colesterol
- antianémica
- reguladora hormonal
- rica en omega-3
- anticáncer
- antioxidante

# SOPA DE KALE Y BROTES DE GIRASOL

Esta sopa energética y vigorizante te la puedes tomar como desayuno o como almuerzo. Combinando la kale y los brotes, consigues un aporte proteico completo, de máxima calidad y sin ensuciar el cuerpo.

PREPARACIÓN: 3'
2 RACIONES
OTOÑO, INVIERNO Y PRIMAVERA

1 T de brotes de girasol

3 hojas de col kale

1 manzana granny smith

1 C de frambuesas

2 C de zumo de limón

1 T de agua filtrada

Lava la kale y la manzana. Saca los tallos de la kale y corta la manzana en dados (no la mondes).

Coloca los ingredientes, excepto las frambuesas, en el vaso de la batidora y tritúralo durante 30 segundos.

Sirve en un bol y decora con las frambuesas.

✚ **LAS FRAMBUESAS APORTAN UN EXTRA** de protección al sistema cardiovascular. ¡Escoge siempre la opción ecológica en todos los ingredientes!

## PROPIEDADES

- superdetox
- alcalinizante
- expectorante
- diurética
- detox y deporte
- buena para la vista
- antiinflamatoria
- vitalizante
- antianémica
- buena para el corazón
- superproteína
- anticáncer
- antioxidante

# SOPA DE PAPAYA Y COCO

Una de las pocas sopas con ingredientes tropicales de este libro, y es que las grandes propiedades antisépticas, antiparasitarias, antibacterianas y prebióticas de la papaya y el coco merecen esta excepción y son ideales para la depuración intestinal.

**PREPARACIÓN: 2'**
**2 RACIONES**
**OTOÑO, INVIERNO Y PRIMAVERA**

1/2 papaya madura

1 C de manteca de coco cruda

1/2 lima pequeña pelada o el zumo de 1 lima pequeña

10-20 hojas de menta (según tamaño)

1 y 1/2 T de agua filtrada

Pela y corta la papaya en dados pequeños y colócala en el vaso de la batidora.

Añade el resto de ingredientes y tritúralo durante 30 segundos a velocidad máxima.

Sirve en un bol y decora con unos germinados al gusto.

✚ *ZERO WASTE:* ¿Sabías que puedes aprovechar las semillas de la papaya para hacer una horchata deliciosa y muy nutritiva?

## PROPIEDADES

- superdetox
- alcalinizante
- diurética
- anticándida
- antiparasitaria
- antiséptica
- antibacteriana
- antiartritis
- antiinflamatoria
- inmunoestimulante
- buena para la vista
- vitalizante
- antianémica
- anticáncer
- antioxidante
- prebiótica

# SOPA DE KALE Y APIONABO

La col kale y el apionabo, aunque se cultivan aquí, son originarios del norte de Europa. Protectores, inmunoestimulantes, antiinflamatorios y antioxidantes, asoman en otoño para protegerte de los virus durante el invierno.

**PREPARACIÓN: 5'**
**MACERACIÓN: 20'**
**2 RACIONES**
**OTOÑO E INVIERNO**

100 g de apionabo (o *céléri*)

2 hojas de col kale sin los tallos

1/4 T de semillas de cáñamo peladas (o 1/2 aguacate)

1 C de aceite de cáñamo

1 C de cebolla deshidratada

1/2 c de sal

1 T de agua filtrada

Pela y corta en dados el apionabo y limpia la col kale. Asegúrate de haber sacado los tallos.

Coloca el apionabo y la kale en un bol de vidrio y añade la cebolla deshidratada, la sal y el aceite. Remuévelo bien y deja macerar durante un rato, de 20 minutos a 1 hora.

Ponlo todo en el vaso de la batidora junto con la taza de agua filtrada y tritúralo durante 40 segundos.

**✚ FUERA DEL PLAN DETOX**, puedes decorar esta sopa con unos chips de col kale (receta al final).

## PROPIEDADES

- superdetox
- alcalinizante
- diurética
- anticándida
- antiartritis
- inmunoestimulante
- buena para los huesos
- antiinflamatoria
- antidiarreica
- vitalizante
- antianémica
- rica en omega-3
- antioxidante
- anticáncer

# SOPA DE CHIRIVÍA A LA NUEZ MOSCADA

Si a esta receta le sacamos las especias y el aceite, nos queda un solo ingrediente: la chirivía. De sabor y formas delicadas y elegantes, esta nutritiva y reconfortante raíz nos ayudará en épocas de cansancio y astenia mental. Es antivírica y depura el hígado. La chirivía es una buena aliada en cualquier dieta detox.

**PREPARACIÓN: 3'**
**MACERACIÓN: 30'**
**2 RACIONES**
**OTOÑO E INVIERNO**

3 chirivías (unos 300 g)

2 C de aceite de linaza o de cáñamo

1/8 c de nuez moscada molida

1/2 c de sal

1 y 1/2 T de agua filtrada

Pela y corta en dados las chirivías.

Colócalas en un bol de vidrio y añade la nuez moscada, la sal y el aceite. Remuévelo bien y deja macerar durante un rato, de 30 minutos a 2 horas.

Ponlo todo en el vaso de la batidora junto con la taza de agua filtrada y tritúralo durante 40 segundos.

✚ **FUERA DEL PLAN DETOX,** puedes decorar esta sopa con unos chips de col kale (receta al final).

## PROPIEDADES

- diurética
- depura el hígado
- digestiva
- vitalizante
- antivírica
- saciante
- inmunoestimulante
- rica en omega-3 y 6
- estimula el intelecto
- anticáncer
- antioxidante

# SOPA DE ESPINACAS Y LIMA

Con cada cucharada de esta sopa, sentirás el efecto limpiador, antioxidante y reanimador de la clorofila. Es rica en hierro y vitamina C. Una sopa energética y antianémica que además depura y es muy digestiva.

**PREPARACIÓN: 2'**
**2 RACIONES**
**INVIERNO Y PRIMAVERA**

100 g de espinacas

1/2 aguacate pelado o 1 C de semillas de cáñamo pelado

1 rama de apio con las hojas

el zumo de 1 lima

6 hojas de perejil fresco

1/2 c de sal

1 y 1/2 T de agua filtrada

Lava las hortalizas y colócalas en el vaso de la batidora junto con el resto de ingredientes.

Tritúralo durante 30 segundos.

**✚ DECORA CON UNOS BROTES** o germinados de alfalfa para añadir un extra de proteína y... ¡salimos a volar!

**PROPIEDADES**

- superdetox
- alcalinizante
- detox y deporte
- anticándida
- antiartritis
- inmunoestimulante
- buena para la vista
- buena para la piel
- antiinflamatoria
- vitalizante
- buena para el corazón
- antianémica
- superproteína
- refrescante
- anticáncer
- antioxidante

# SOPA DE CAQUI, CÚRCUMA Y JENGIBRE

**PREPARACIÓN: 4'**
**2 RACIONES**
**OTOÑO**

Esta sopa es una auténtica golosina. Dulce, protectora, vitalizante, antiinflamatoria e inmunoestimulante. Ideal para reconfortar las tardes de otoño.

2 caquis
1 trozo pequeño de jengibre (2 g)
1 trozo pequeño de cúrcuma (3 g)

Pela los caquis y ponlos dentro del vaso de la batidora.

Añade el jengibre y la cúrcuma.

Tritúralo bien durante 40 segundos.

**✚ TÓMATELA SIN DECORACIÓN** para deleitarte al máximo de su espectacular textura y sabor.

**PROPIEDADES**

- diurética
- antiparasitaria
- antiséptica
- buena para la piel
- buena para la vista
- antiinflamatoria
- antidiarreica
- vitalizante
- inmunoestimulante
- antivírica
- antianémica
- anticáncer
- antioxidante

# SOPA DE PIMIENTOS AMARILLOS

El sol dentro de un bol. Este podría ser el título de esta deliciosa sopa, sencilla, delicada y de un color muy estimulante. Antioxidante, vitalizante, remineralizante, antiinflamatoria e inmunoestimulante.

**PREPARACIÓN: 2'**
**2 RACIONES**
**VERANO Y OTOÑO**

3 pimientos amarillos

1/2 diente de ajo

1/2 c de sal

2 C de aceite de oliva

125 ml de agua filtrada

Lava los pimientos, saca las semillas y la cola y ponlos dentro del vaso de la batidora.

Añade el resto de ingredientes.

Tritúralo durante 30 segundos.

✚ **DECORA CON BROTES** de remolacha o de col lombarda para jugar con el contraste del color amarillo.

## PROPIEDADES

- superdetox
- diurética
- antiúlcera
- buena para la piel
- buena para la vista
- digestiva
- vitalizante
- inmunoestimulante
- rica en omega-3
- antianémica
- buena para el corazón
- anticáncer
- antioxidante

# SOPA DE AGUACATE Y ESPINACAS

Esta sopa energética, sedosa y saciante nos recuerda al guacamole. Tómatela en los momentos más críticos de un detox y en seguida te animará y te reconfortará, aportando a tu cuerpo grandes dosis de minerales y antioxidantes.

**PREPARACIÓN: 2'**
**2 RACIONES**
**PRIMAVERA**

100 g de espinacas baby

1 aguacate pelado

1 rama de apio sin las hojas

el zumo de medio limón

15 hojas de cilantro fresco

1/4 c de sal

1 y 1/2 T de agua filtrada

Lava las hortalizas y colócalas en el vaso de la batidora junto con el resto de ingredientes.

Tritúralo durante 30 segundos.

**✚ DECORA CON UNOS BROTES** u hojitas de cilantro. Fuera del detox, incorpora unas nueces para añadir un extra de proteína y omega-3.

**PROPIEDADES**

- superdetox
- alcalinizante
- antiartritis
- detox y deporte
- anticándida
- inmunoestimulante
- buena para la piel
- buena para la vista
- antiinflamatoria
- vitalizante
- antianémica
- buena para el corazón
- anticáncer
- antioxidante
- refrescante
- superproteína

# SOPA DE PIÑA A LA MENTA

Esta sopa veraniega, dulce y refrescante, contiene una enzima maravillosa que te ayudará en los procesos depurativos: disminuye el hambre, es prebiótica, ayuda a digerir las proteínas, elimina los líquidos y mata los gusanos intestinales. ¡Pero cuidado! Esta superenzima se concentra en el corazón de la piña, así que añádelo a la sopa, bien triturado.

PREPARACIÓN: 3'
2 RACIONES
VERANO

400 g de piña ecológica

30 hojas de menta fresca

1/8 c de sal

200 ml de agua filtrada

Pela la piña y córtala en dados (el corazón también, es donde se concentra la enzima digestiva y depuradora bromelaína).

Pon todos los ingredientes dentro del vaso de la batidora y tritúralo durante 40 segundos a velocidad máxima.

**+ DECORA CON HOJAS** de menta o un puñado de germinados de alfalfa.

## PROPIEDADES

- superdetox
- diurética
- buena para la sinusitis
- antiúlcera
- antiparasitaria
- antiinflamatoria
- digestiva
- laxante
- antivírica
- inmunoestimulante
- saciante
- vitalizante
- baja el colesterol
- anticáncer
- antioxidante
- refrescante
- prebiótica

# SOPA DE ZANAHORIA AL CURRI

Una sopa que en cada momento del año te aportará propiedades muy interesantes: en primavera y en otoño te ayudará a depurar el hígado y a sacar los líquidos sobrantes, en verano te protegerá del sol gracias a sus antioxidantes y en invierno te regenerará y te aportará arraigo, calor y vitalidad.

**PREPARACIÓN: 4'**
**MACERACIÓN: 30'**
**2 RACIONES**
**TODO EL AÑO**

3 zanahorias medianas, mejor si son de colores distintos (amarillo, naranja y violeta)

1/4 de cebolla tierna

1/2 c de curri dulce

1/4 c de comino molido

2 C de aceite de linaza

1/4 c de sal

1 T de agua filtrada

Lava bien las zanahorias. Puedes pelarlas si están demasiado sucias. Córtalas a trozos y colócalas en un bol de vidrio. Reserva.

Pela la cebolla y córtala en tiras finas. Añádela al bol, junto con las zanahorias.

Añade las especias, la sal y el aceite. Remuévelo bien y déjalo macerar durante un rato, de 30 minutos a 2 horas.

Ponlo todo en el vaso de la batidora junto con la taza de agua filtrada y tritúralo a velocidad máxima durante 40 segundos.

## PROPIEDADES

- antiparasitaria
- depura el hígado
- buena para la piel
- buena para la vista
- antiinflamatoria
- vitalizante
- antidiarreica
- baja el colesterol
- rica en omega-3
- estimula el intelecto
- anticáncer
- antioxidante

# SOPA DE ESPÁRRAGOS VERDES

Esta sopa superdiurética y digestiva, además de depurarte, te remineralizará y te aportará proteínas de muy buena calidad. Por eso es una de las sopas crudas veganas estrella. Sus calidades organolépticas, sedosas y delicadas, harán que esperes impaciente la temporada de espárragos.

**PREPARACIÓN: 5'**
**2 RACIONES**
**FINAL DE INVIERNO Y PRIMAVERA**

1 manojo de espárragos verdes ecológicos

6 hojas de orégano frescas (opcional)

1/8 c de pimienta de colores acabada de moler con el molinillo (blanca, negra y roja)

1 C de zumo de limón

1 C de aceite de cáñamo

1/4 c de sal

1 T de agua filtrada

Lava los espárragos y sácales el trozo más duro del tallo (unos 2-3 cm).

Córtalos por la mitad a lo largo, colócalos en un bol y añade el orégano, la pimienta, el zumo de limón, el aceite y la sal. Déjalo macerar entre 30 minutos y 1 hora.

Ponlo todo en el vaso de la batidora. Añade la taza de agua y tritura durante 40 segundos a velocidad máxima.

**✚ DECORA CON UNOS BROTES** de espárrago y bayas de pimienta de colores recién molidas.

**PROPIEDADES**

- diurética
- alcalinizante
- anticándida
- antiinflamatoria
- digestiva
- inmunoestimulante
- buena para la piel
- buena para la vista
- anticáncer
- antioxidante

# SOPA DE TOMATE A LA ALBAHACA

Una sopa muy mediterránea, alcalinizante, anticancerígena y antioxidante que te protegerá de los radicales libres en verano. Es deliciosa, refrescante y muy digestiva.



2 tomates maduros medianos
  (de unos 4 o 5 cm de diámetro)

8 hojas grandes de albahaca fresca

1/2 diente de ajo pequeño o grande (al gusto)

1/2 c de sal

2 C de aceite de oliva

3/4 T de agua filtrada

Pela los tomates y córtalos a cuartos.

Colócalos en el vaso de la batidora y añade el resto de ingredientes.

Tritúralo a velocidad máxima durante 30 segundos.

✚ **DECORA CON UNAS HOJITAS** o brotes de albahaca y un hilo de aceite de oliva.

## PROPIEDADES

- anticándida
- diurética
- alcalinizante
- antiparasitaria
- depura el hígado
- antiinflamatoria
- antidiarreica
- buena para la piel
- buena para la vista
- vitalizante
- rica en omega-3
- estimula el intelecto
- anticáncer
- antioxidante

# SOPA DE BRÓCOLI AL ENELDO

El brócoli verde es la estrella de esta sopa anticancerígena, antioxidante, depurativa y alcalinizante. ¡Esta nunca puede faltar en tu plan detox de invierno! Además es superproteica, ideal para los veganos más exigentes.

**PREPARACIÓN: 2'**
**REMOJO: 6-8 h**
**MACERACIÓN: 30'**
**2 RACIONES**
**INVIERNO**

1/4 de brócoli verde sin el tallo (unos 70 g de arbolitos)

1 chirivía pequeña pelada (unos 50 g)

1/2 manzana granny smith troceada (con la piel)

12 brotes de guisante

1 ramita de eneldo fresco (solo las hojas)

1 C de semillas de cáñamo peladas

2 C de aceite de cáñamo

3 T de agua filtrada

1 T de agua de mar

Lava y saca unos 70 g de arbolitos del brócoli, sin el tallo. Colócalos en un bol y añade 2 tazas de agua filtrada y 1 taza de agua de mar. Déjalo en remojo durante 6-8 horas.

Saca el agua con un colador y coloca el brócoli en un bol.

Añade la chirivía, la manzana, los brotes, el eneldo, el cáñamo y el aceite. Remuévelo bien y déjalo macerar entre 30 minutos y 2 horas.

Ponlo todo en el vaso de la batidora junto con 1 taza de agua filtrada y tritúralo a velocidad máxima durante 40 segundos.

✚ **DECORA CON BROTES,** arbolitos de brócoli y semillas de cáñamo peladas.

## PROPIEDADES

- superdetox
- diurética
- previene la diabetes
- alcalinizante
- depura el hígado
- antirreuma
- antivírica
- antiinflamatoria
- antidiarreica
- inmunoestimulante
- buena para los huesos
- antianémica
- reguladora hormonal
- rica en omega-3 y 6
- anticáncer
- antioxidante

# SOPA DE HINOJO, CHIRIVÍA Y REMOLACHA

Una sopa de tonos y sabores de otoño, dulce, digestiva y depurativa. De excelentes propiedades terapéuticas, antioxidantes y remineralizantes, te arraigará, te reconfortará y te estimulará.

**PREPARACIÓN: 2'**
**MACERACIÓN: 30'**
**2 RACIONES**
**OTOÑO**

1/2 bulbo de hinojo con las hojas

1 chirivía

1/2 cebolla tierna

1 remolacha

1 C de zumo de limón

1 y 1/2 c de sal

1 C de aceite de linaza

2 T de agua filtrada

Pela y corta la cebolla en lunas. Colócala en un bol y cúbrela con 2 tazas de agua filtrada y 1 cucharadita de sal. Déjalo macerar toda la noche.

Enjuaga la cebolla con agua filtrada y colócala en un bol.

Lava el hinojo y pela la chirivía. Córtalo en dados y añádelo en el bol, con la cebolla.

Añade 1/2 cucharadita de sal y el aceite. Remuévelo bien y deja macerar 30 min.

Mientras tanto, haz un zumo con la remolacha. Resérvalo.

Ponlo todo en el vaso de la batidora y tritúralo durante 40 segundos.

✚ **DECORA CON BROTES,** chips de kale o unas hojitas de hinojo.

## PROPIEDADES

- superdetox
- antibacteriana
- antiparasitaria
- digestiva
- antidiarreica
- antivírica
- antiinflamatoria
- inmunoestimulante
- vitalizante
- antianémica
- baja el colesterol
- rica en omega-3
- reguladora hormonal
- anticáncer
- antioxidante
- estimula el intelecto

# SOPA DE CALABAZA CON CURRI Y JENGIBRE

Déjate sorprender por el sabor vigorizante de la calabaza cruda. Combinada con el curri y el jengibre, tendrás una sopa depurativa, pero a la vez reconfortante. Tómatela para cenar durante 21 días para eliminar los parásitos intestinales.

**PREPARACIÓN: 10'**
**MACERACIÓN: 1 h**
**2 RACIONES**
**OTOÑO E INVIERNO**

350 g de calabaza pelada y cortada
    a dados pequeños

1 manzana granny smith pequeña, troceada

1/2 c de curri dulce

1 trozo de jengibre (al gusto, entre 0,5 y 1 cm)

1 C de zumo de limón

2 C de aceite de semillas de calabaza

1 c de sal

1 T de agua filtrada

Coloca la calabaza y la manzana cortada en dados en un bol de vidrio.

Añade el curri, el jengibre, el zumo de limón, el aceite y la sal.

Remuévelo bien y deja macerar durante 1 o 2 horas.

Ponlo todo en el vaso de la batidora junto con la taza de agua filtrada y tritúralo a velocidad máxima durante 40 segundos.

✚ **DECORA CON SEMILLAS** de cáñamo pelado o semillas de calabaza.

### PROPIEDADES

- antiparasitaria
- diurética
- buena para la piel
- buena para la vista
- digestiva
- antiinflamatoria
- vitalizante
- baja el colesterol
- rica en omega-3
- anticáncer
- antioxidante
- superproteína

# SOPA
# DE ENDIVIAS
# E HINOJO

Una sopa de invierno con toques ligeramente amargos para tonificar el hígado y ayudarlo a depurarse. También tonifica y protege el sistema cardiovascular, es inmunoestimulante, antianémica, antibacteriana y antivírica. Ideal para las depuraciones invernales.

**PREPARACIÓN: 2'**
**2 RACIONES**
**INVIERNO**

1/2 bulbo de hinojo con las hojas

1 endivia

1/2 diente de ajo

10 hojas de perejil

1/2 aguacate pelado o 1 C de semillas de cáñamo peladas

1/2 c de sal

1 T de agua filtrada

Lava la endivia y saca el extremo del tallo, que es la parte más amarga. Córtala en 4 trozos.

Lava el hinojo y córtalo en dados pequeños.

Coloca la endivia y el hinojo dentro del vaso de la batidora junto con el resto de ingredientes.

Tritúralo durante 30 segundos a velocidad máxima.

**✚ DECORA CON HOJAS** de endivia, brotes y granada.

**PROPIEDADES**

- superdetox
- antibacteriana
- depura el hígado
- digestiva
- antidiarreica
- antivírica
- antianémica
- buena para el corazón
- baja el colesterol
- anticáncer
- antioxidante

# SOPA DE SANDÍA A LA MENTA

**PREPARACIÓN: 2'**
**2 RACIONES**
**VERANO**

¡Una hidratante, refrescante y suave sopa que no podrás dejar de tomar en todo el verano! Ligera y apta para cualquier momento del día, tanto para el desayuno como para la comida o la cena.

500 g de sandía pelada
  y cortada en dados grandes

1/2 C de zumo de limón

12 hojas de menta fresca

4 cubitos de agua filtrada
  o de zumo de sandía

Coloca todos los ingredientes en el vaso de la batidora y tritúralo a velocidad máxima durante 20 segundos.

✚ **DECORA** con unas hojitas de menta.

## PROPIEDADES

- diurética
- digestiva
- vitalizante
- buena para el corazón
- anticáncer
- antioxidante
- refrescante
- hidratante

# SOPA DE PAPAYA Y HOJAS SILVESTRES

Una sopa muy energética y estimulante para los días de depuración donde la actividad es más intensa. También es una gran prebiótica y antiparasitaria. Tómala los días en que necesites mover los intestinos con más facilidad.

**PREPARACIÓN: 2'**
**2 RACIONES**
**OTOÑO, INVIERNO Y PRIMAVERA**

2 T de hojas silvestres

1/2 papaya pelada

1/8 c de sal

1 C de zumo de limón

1 C de aceite de semillas de calabaza

1 T de agua filtrada

Lava las hojas y colócalas, junto con el resto de ingredientes, en el vaso de la batidora.

Tritúralo durante 30 segundos.

**✚ AÑADE UNOS DADOS** de papaya para suavizar el gusto amargo y picante de las hojas silvestres.

**PROPIEDADES**

- superdetox
- alcalinizante
- diurética
- antiartritis
- antibacteriana
- antiparasitaria
- laxante
- inmunoestimulante
- digestiva
- antiinflamatoria
- vitalizante
- antianémica
- anticáncer
- antioxidante
- refrescante
- prebiótica

# SOPA DE APIO Y BRÓCOLI

Esta sopa de invierno la forman un dueto de excelentes verduras diuréticas, depurativas, antioxidantes y alcalinizantes. ¡Una de las sopas verdes más depurativas!

**PREPARACIÓN: 2'**
**REMOJO: 6-8 h**
**MACERACIÓN: 30'**
**2 RACIONES**
**INVIERNO**

1/4 de brócoli verde sin el tallo (unos 70 g de arbolitos)

1 manzana granny smith en dados

250 ml de zumo de apio recién hecho

1 C de zumo de limón

2 C de aceite de cáñamo

3 T de agua filtrada

1 T de agua de mar

Lava y saca unos 70 g de arbolitos del brócoli, sin el tallo. Colócalos en un bol y añade 2 tazas de agua filtrada y 1 taza de agua de mar. Déjalo en remojo durante 6-8 horas.

Saca el agua con un colador y coloca el brócoli en un bol.

Añade la manzana, el zumo de limón y el aceite. Remuévelo bien y déjalo macerar entre 30 minutos y 2 horas.

Ponlo todo en el vaso de la batidora junto con 1 taza de agua filtrada y tritúralo a velocidad máxima durante 40 segundos.

**+ DECORA CON SEMILLAS** de cáñamo pelado y aumenta su proteína.

## PROPIEDADES

- superdetox
- diurética
- previene la diabetes
- alcalinizante
- depura el hígado
- antirreuma
- antivírica
- antiinflamatoria
- buena para la vista
- inmunoestimulante
- buena para los huesos
- antianémica
- rica en omega-3 y 6
- anticáncer
- antioxidante

# GAZPACHO DE SANDÍA

Una versión del gazpacho tradicional sin el tomate, para disminuir la cantidad de solanina y hacerlo más diurético y depurativo. Es antiinflamatoria, antiartrítica, buena para la vejiga y el corazón y rica en omega-3, gracias al aceite de linaza.

**PREPARACIÓN: 2'**
**2 RACIONES**
**VERANO**

300 g de sandía pelada y cortada en dados

1 pepino mediano (unos 220 g)

1 pimiento rojo pequeño (unos 120 g)

1 diente de ajo pequeño

1 C de zumo de limón

1 c de sal

2 C de aceite de linaza

Trocea el pimiento y el pepino (sin pelar).

Coloca todos los ingredientes en el vaso de la batidora.

Tritúralo a velocidad máxima durante 30 segundos.

✚ **DECORA CON DADOS** de pimiento o sandía.

## PROPIEDADES

- diurética
- antiartritis
- alcalinizante
- antiinflamatoria
- vitalizante
- buena para el corazón
- rica en omega-3
- buena para la vejiga
- anticáncer
- antioxidante
- refrescante
- hidratante

# SOPA DE COLIRRÁBANO Y TOMILLO

Tu sopa-medicina para tus días de depuración de otoño e invierno. Estimulante del sistema inmunitario, antivírica y antibacteriana. Te protegerá de los resfriados, a la vez que te limpia el cuerpo y te rejuvenece.

**PREPARACIÓN: 5'**
**2 RACIONES**
**OTOÑO E INVIERNO**

1 colirrábano pequeño

1 T de agua de tomillo: macera el tomillo en una taza de agua durante 24 horas dentro de un tarro de vidrio a la intemperie

2 C de aceite de linaza

1/2 c de sal

1/2 diente de ajo (opcional)

Lava y corta el colirrábano en dados pequeños

Coloca el colirrábano dentro del vaso de la batidora junto con la taza de agua de tomillo y el resto de ingredientes.

Tritúralo durante 40 segundos a velocidad máxima.

✚ **FUERA DEL PLAN DETOX**, puedes decorar esta sopa con granada o unos chips de col kale (receta al final).

**PROPIEDADES**

- diurética
- antibacteriana
- anticándida
- expectorante
- antiartritis
- inmunoestimulante
- buena para los huesos
- antiinflamatoria
- antirreuma
- digestiva
- antivírica
- rica en omega-3
- reguladora hormonal
- anticáncer
- antioxidante
- antiestrés

# SOPA DE MELOCOTONES Y ESPINACAS A LA MENTA

Una refrescante y a la vez saciante combinación que nos aporta grandes dosis de nutrientes y vitalidad.
El sabor de esta sopa veraniega es delicioso y la textura muy reconfortante. ¡Una de las sopas verdes detox más golosas del verano!

**PREPARACIÓN: 2'**
**2 RACIONES**
**VERANO**

2 melocotones de agua pelados

2 T de espinacas baby limpias

1 C de manteca de coco

2 C de zumo de lima

20 hojitas de menta

1/4 c de sal

Trocea los melocotones y saca el hueso.

Coloca todos los ingredientes dentro del vaso de la batidora y tritúralo a velocidad máxima durante 30 segundos.

**✚ DECORA CON GERMINADOS** de colores o flores de verano.

## PROPIEDADES

- superdetox
- diurética
- alcalinizante
- inmunoestimulante
- buena para la vista
- buena para la piel
- digestiva
- vitalizante
- laxante
- saciante
- antianémica
- buena para el corazón
- baja el colesterol
- anticáncer
- antioxidante
- refrescante

# SOPA DE REMOLACHA AL COMINO

Esta sopa de sabores de la tierra y de otoño es muy energética y remineralizante. El comino le da un toque cálido, digestivo y reparador. Su color rojo te aportará alegría y pasión, tonificación en el corazón, buen flujo en la sangre y rejuvenecimiento en la piel.

**PREPARACIÓN: 2'**
**MACERACIÓN: 30'**
**2 RACIONES**
**OTOÑO E INVIERNO**

1 remolacha mediana

1 rama de apio sin las hojas

1/4 de colirrábano

1 C de zumo de limón

2 C de aceite de cáñamo

1/4 c de comino molido

1/4 c de sal

1 T de agua filtrada

Pela y corta en dados la remolacha y el colirrábano.

Coloca las hortalizas en un bol de vidrio y añade el zumo de limón, la sal, las especias y el aceite. Remuévelo bien y deja macerar durante un rato, de 30 minutos a 2 horas.

Ponlo todo en el vaso de la batidora junto con la taza de agua filtrada y tritúralo a velocidad máxima durante 40 segundos.

✚ **DECORA CON BROTES.** Fuera del plan detox, puedes decorar con olivas negras.

**PROPIEDADES**

- diurética
- depura el hígado
- inmunoestimulante
- antiinflamatoria
- antidiarreica
- vitalizante
- buena para los huesos
- buena para el corazón
- antianémica
- estimula el intelecto
- anticáncer
- antioxidante

# SOPA DE PIÑA Y KALE

A veces necesitamos tomar una sopa refrescante y digestiva también en otoño o en invierno, sobre todo después de hacer excesos con la comida. ¡Esta es la sopa! Depura, desinflama, facilita el tránsito intestinal, es prebiótica, ayuda a digerir las proteínas y elimina líquidos.

**PREPARACIÓN: 3'**
**2 RACIONES**
**OTOÑO E INVIERNO**

260 g de piña ecológica

5 hojas de col kale pequeñas sin los tallos

1 trocito de cúrcuma fresca (unos 2 gramos)

1 trocito de jengibre (unos 3 gramos)

Una pizca de pimienta negra

1/2 c de sal

200 ml de agua filtrada

Pela la piña y córtala en dados (el corazón también, es donde se concentra la enzima digestiva y depuradora bromelaína).

Pon todos los ingredientes dentro del vaso de la batidora y tritúralo durante 40 segundos a velocidad máxima.

**✚ DECORA CON UNOS CHIPS** de col kale (receta al final).

## PROPIEDADES

- superdetox
- buena para la sinusitis
- antiartritis
- alcalinizante
- antiparasitaria
- antiinflamatoria
- inmunoestimulante
- digestiva
- vitalizante
- laxante
- saciante
- antirreuma
- baja el colesterol
- anticáncer
- antioxidante
- prebiótica
- superproteína

# SOPA DE BROTES Y GRANNY SMITH

¿Puede haber una sopa más nutritiva que esta? 3 auténticos superalimentos: brotes de girasol, brotes de guisante y brotes de espárrago en una única y sencilla receta. Ideal para los días de más trabajo o actividad física o de más requerimiento proteico.

PREPARACIÓN: 2'
2 RACIONES
OTOÑO, INVIERNO Y PRIMAVERA

1 manojo de brotes de girasol
    (más o menos 30 unidades)
1 manojo de brotes de guisante
    (más o menos 30 unidades)
1 manojo de brotes de espárrago
    (más o menos 30 unidades)
1 manzana granny smith
1 T de agua filtrada

Coloca los ingredientes en el vaso de la batidora y tritúralo durante 40 segundos.

**+** ¡ESTA SOPA también se puede tomar como un batido!

## PROPIEDADES

- superdetox
- detox y deporte
- alcalinizante
- diurética
- buena para la vista
- antiinflamatoria
- vitalizante
- antianémica
- buena para el corazón
- anticáncer
- antioxidante
- superproteína

# SOPA DE ALCACHOFA Y APIO

Una de las estrellas de la depuración en invierno: la alcachofa. Esta sopa es superdiurética, laxante y desintoxicante. La alcachofa también nos ayuda en casos de anemia, candidiasis y diabetes.

**PREPARACIÓN: 5'**
**2 RACIONES**
**INVIERNO**

3 alcachofas

2 ramitas de apio sin las hojas

5 hojas de estragón fresco

1 diente de ajo

1 limón, el zumo

2 C de aceite de oliva

1/8 c de sal o al gusto

2 T de agua filtrada

Limpia las alcachofas hasta que obtengas solo el corazón tierno. Extrae los filamentos del centro del corazón para descartarlos. Córtalas en cuartos y riégalas con el zumo de medio limón. Reserva.

Coloca los corazones de alcachofa, el apio, el estragón, el ajo, el zumo de medio limón y la sal en el vaso de la batidora y tritúralo durante 45 segundos.

**✚ PUEDES HACERLA MÁS CREMOSA** añadiéndole 1/2 aguacate. Decora con brotes o chips de kale.

**PROPIEDADES**

- superdetox
- diurética
- alcalinizante
- depura el hígado
- buena para la vejiga
- previene la diabetes
- anticándida
- antiinflamatoria
- digestiva
- laxante
- antianémica
- anticáncer
- antioxidante

# GAZPACHO DE REMOLACHA

Este gazpacho tiene un color maravilloso y vitalizante. Una versión de la sopa más deseada en verano con un ingrediente que sustituye al pimiento: la rejuvenecedora y remineralizante remolacha.

**PREPARACIÓN: 2'**
**2 RACIONES**
**VERANO Y OTOÑO**

1 remolacha mediana

1 pepino pequeño, con la piel

1 tomate pequeño

1 diente de ajo pequeño

2 C de zumo de limón

2 C de aceite de oliva

1/4 c de sal

1 T de agua filtrada

Lava, pela y corta en dados la remolacha.

Lava y corta en dados el pepino.

Pela el tomate y córtalo en cuartos.

Pon todos los ingredientes en el vaso de la batidora junto con la taza de agua filtrada y tritúralo a velocidad máxima durante 40 segundos.

**+ DECORA CON BROTES DE ALFALFA.** Fuera del plan detox, añade dados de pepino y tomate.

**PROPIEDADES**

- diurética
- buena para la piel
- buena para la vista
- antiinflamatoria
- antidiarreica
- vitalizante
- antianémica
- buena para el corazón
- estimula el intelecto
- anticáncer
- antioxidante

# SOPA DE PEPINO A LA MENTA

Una simple, refrescante, nutritiva y depurativa sopa. A pesar de que la temporada de pepino es el verano, también lo encontramos ecológico durante el otoño. El pepino, además de ser muy diurético y depurativo, es el alimento-medicina para la artritis reumatoide y los problemas de articulaciones.

**PREPARACIÓN: 5'**
**2 RACIONES**
**VERANO Y PRINCIPIO DE OTOÑO**

2 pepinos

12 hojas de menta fresca

1 C de zumo de limón

1,5 C de aceite de linaza

1/8 c de sal o al gusto (opcional)

1/2 T de agua filtrada

Lava los pepinos y córtalos en trozos pequeños. ¡No los peles! En la piel se concentran casi todas las vitaminas.

Pon todos los ingredientes en el vaso de la batidora y tritúralo durante 30 segundos.

✚ **PUEDES TOMARTE ESTA SOPA** como batido a cualquier hora del día.

**PROPIEDADES**

- superdetox
- diurética
- alcalinizante
- antiartritis
- anticándida
- antiinflamatoria
- digestiva
- laxante
- buena para la hipertensión
- rica en omega-3
- anticáncer
- antioxidante
- hidratante

# ZUMO VERDE DETOX

Este es el zumo verde ideal para las mañanas del plan detox. No contiene pulpa y mantiene el ayuno intestinal. Es muy nutritivo porque contiene todas las vitaminas y todos los minerales. Es muy depurativo, alcalinizante y tiene un índice glucémico bajo para no aumentar la glucosa en sangre y dejar descansar también al páncreas durante el detox.

PREPARACIÓN: 7'
1 ZUMO DE 300 ml
(DEPENDE DEL EXTRACTOR)
TODO EL AÑO

### PROPIEDADES

- superdetox
- diurético
- anticándido
- alcalinizante
- antiartritis
- previene la diabetes
- depura el hígado
- detox y deporte
- antiséptico
- antiacidez
- inmunoestimulante
- antivírico
- digestivo
- bueno para la piel
- bueno para la vista
- antiinflamatorio
- antirreuma
- bueno para los huesos
- sana el colon
- vitalizante
- baja el colesterol
- antianémico
- bueno para el corazón
- regulador hormonal
- anticáncer
- antioxidante
- superproteína
- hidratante

1 manzana granny smith

1 pepino (según temporada)

1/2 limón con la piel

6 hojas de col kale

1 manojo pequeño de hojas silvestres comestibles

10 hojas de perejil

1 taza de brotes de guisante o girasol

1 trozo de jengibre al gusto o 12 hojas de menta

3 ramas de apio con las hojas

Lava la manzana y las verduras. ¡No peles nada!

Con la licuadora de extracción lenta (*cold-press*), licua todos los ingredientes en el orden en que están listados (el apio al final).

✚ **VERSIÓN ANTICÁNDIDA** o para diabetes: Saca la manzana. Puedes poner el pepino.

# ENSALADA DETOX

Una ensalada depurativa que te servirá para entrar y salir del plan detox de la forma más amable para tu intestino y también para tus emociones.

**PREPARACIÓN: 6'**
**1 RACIÓN**
**TODO EL AÑO, ADAPTÁNDOLA**

1 plato de mézclum salvaje

(rúcula, hojas de mostaza, diente de león, mizuna, brotes de pak choi, etc.)

1 endivia

1 manojo de brotes variados (de guisante, de espárrago, de girasol, de rábano, etc.)

2 flores de temporada

1 C de chucrut de col lombarda

**Para el aliño:**

1 C de aceite de linaza o de cáñamo o de calabaza

1/2 c de sal de hierbas

1/2 C de zumo de limón

1/2 C de hierbas frescas de temporada

Lava las verduras y colócalas en un plato como ves en la foto.

Añade los brotes, las flores y el chucrut, repartiendo los colores dentro del plato.

Para el aliño: Pon todos los ingredientes en una taza y mézclalos bien con una cuchara.

Aliña la ensalada.

✚ **RECUERDA MASTICAR** muy bien y comer en un lugar tranquilo y en silencio.

## PROPIEDADES

- detox
- diurética
- anticándida
- alcalinizante
- previene la diabetes
- estimula el hígado
- antiacidez
- inmunoestimulante
- antivírica
- digestiva
- antiinflamatoria
- sana el colon
- vitalizante
- antianémica
- rica en omega-3
- anticáncer
- antioxidante
- superproteína
- probiótica

# CHIPS DE COL KALE

Estos chips de verduras son ideales para decorar las sopas y satisfacer el deseo de masticar algo más crujiente. Si no tienes un deshidratador, los puedes secar en el horno.

**PREPARACIÓN: 15'**
**DESHIDRATACIÓN: 24 h**

1 manojo de col kale

4 C de aceite de oliva

1 C de zumo de limón

1 C de semillas de sésamo acabadas de moler

1 c de cúrcuma en polvo

1 c de curri

1/8 c de pimienta negra molida

1/2 c de sal

Lava la col. Sácale los tallos y rompe un poco las hojas con las manos para que no queden trozos demasiado grandes.

En un bol, pon el aceite, el zumo de limón, la harina de sésamo, las especias y la sal. Mézclalo bien.

Añade la col y, con las manos, hazle un masaje. Asegúrate de que las hojas queden bien impregnadas con el aceite.

Coloca la col sobre un papel vegetal de hornear y el papel encima de la bandeja de la deshidratadora o del horno. Separa un poco las hojas de col para que se puedan secar más rápidamente. Que no queden superpuestas unas con otras.

Deshidrata a 45° en la deshidratadora unas 15 horas o hasta que estén bien secas y crujientes. Dales la vuelta de vez en cuando. Si los secas en el horno, dependerá de la temperatura que apliques, pero asegúrate de darles la vuelta cada 10-20 minutos.

# PLAN DETOX DE 7 DÍAS CON SOPAS

Este plan detox de 7 días es muy asequible para todos, ya lo verás. Pero antes de presentártelo, toma nota de estas pautas sencillas que harán que tus 7 días de depuración sean todo un éxito.

## ACTITUD POSITIVA

Lo primero de todo y lo más importante antes de comenzar un *detox* es liberarnos de creencias limitadoras y cultivar el pensamiento positivo, por ejemplo: "seré capaz de hacer este detox de 7 días y *con esta limpieza mejoraré mi salud, vitalidad y felicidad*".

Planifica el día dejando espacio para una actividad con la que disfrutes mucho y te relaje. Evita, sobre todo, a personas y situaciones estresantes.

Respira, practica yoga, date un paseo por la naturaleza o lee un buen libro tomando el sol.

Respirar profundamente desintoxica la mente, el cuerpo y las emociones y te llena de energía vital. Practica la respiración consciente, larga y profunda, cada día, durante 10 minutos, 3 veces al día:

- por la mañana cuando te levantes
- al mediodía antes de la comida
- por la noche antes de irte a dormir

## PARA QUE LAS TOXINAS SE LIBEREN, CONVIENE DEJAR DE INGERIRLAS

En cualquier proceso de desintoxicación, se necesita privar al organismo de la sustancia tóxica que lo ha ensuciado a fin de que esta se libere.

No podemos dejar de respirar y, por lo tanto, algunas de las toxinas que inhalamos no podemos evitarlas, pero sí podemos evitar la exposición de las que ingerimos o estamos expuestos voluntariamente, que son:

- **Alimentos de origen animal**, que nos intoxican con los aditivos, la putrescina, la cadaverina, hormonas, antibióticos, etc.
- **Alimentos con pesticidas y químicos**. ¡Ingiere solo productos ecológicos!
- **Café**, el **alcohol** y las **bebidas comerciales**.
- **Azúcares añadidos**.
- **Harinas** y, especialmente, el **trigo** y el **gluten**.
- **Alimentos procesados, envasados, pasteurizados**, con **aditivos** y **conservantes**.
- **Alimentos cocinados a temperaturas altas**.
- **Productos de higiene que contienen químicos**.
- **Pinturas y barnices** no ecológicos del hogar.
- **Drogas** y **medicamentos**.

## HIDRÁTATE Y ALCALINÍZATE

Empieza el día con una hidratación alcalinizante, a base de un vaso de **agua de calidad y el zumo de un limón ecológico acabado de exprimir**. Esto regenera el hígado, alcaliniza el organismo, prepara el sistema para la digestión e hidrata el cuerpo. Entre comidas, tienes que beber entre 6 y 8 vasos de agua mineral, lo más pura posible, evitado las envasadas en plástico. Las mejores opciones son la filtrada o la de fuente natural envasada en vidrio. Y después revitalízala con cuarzo u otro sistema vitalizante.

## AYUDA AL CUERPO A LIMPIARSE

Especialmente en los períodos de depuración, hace falta respetar la fase de **eliminación del organismo**. Como te he explicado en las primeras páginas de este libro, esta fase tiene lugar desde que nos levantamos y hasta las 11-12 del mediodía. En esta fase eliminamos todo lo que el cuerpo no ha aprovechado de la ingesta del día anterior y también se liberan las toxinas cuando le damos la oportunidad. Para que esta fase sea efectiva, hace falta **retardar tu primera ingesta de alimentos hasta las 11 horas de la mañana y haber cenado antes de las 19 h.** Solo así la fase de metabolización y limpieza es efectiva y el cuerpo se libera de las toxinas.

Si no puedes privarte de ingerir nada en la fase de descanso intestinal (de 19:00 a 11:00), hazlo con un zumo nutritivo y alcalinizante, que como no contiene la fibra, no carga el aparato digestivo y este puede seguir su tarea eliminatoria.

Realiza una serie de **3 hidroterapias de colon** el primer, cuarto y séptimo día del detox.

**Dúchate cada mañana pasando un guante de crin por todo el cuerpo**. Esto limpia las toxinas que se eliminan a través de la piel.

Todas las recetas de este libro son superlimpiadoras.

También es importante movilizar las toxinas para que estas puedan liberarse. Para tal efecto, practica un mínimo de ejercicio físico diario, al menos durante 35 minutos al día, y un baño de sol de 20 minutos, entre las 12 y les 14 h. Está demostrado que la sudoración y el ejercicio aeróbico de más de 30 minutos nos ayuda a movilizar y eliminar las toxinas del cuerpo. Así que ¡a moverte! Camina por la naturaleza, ve en bicicleta, baila, haz yoga, corre, salta o hazte una sauna.

No te preocupes por tu rendimiento en los días de detox y ayuno, porque el cuerpo aprovecha la energía que se ahorra en la digestión y la reparte al resto de metabolismos. Además, tus reservas de grasas y proteínas están a punto para liberarse si las necesitas. Así que podrías llevar una vida normal y seguir con tu actividad física habitual durante el detox.

## DUERME MÁS QUE NUNCA

Durante los períodos de desintoxicación, es muy importante descansar. Durante la noche, tanto el cuerpo físico como el energético necesitan recuperarse y entretenerse en los procesos de eliminación de toxinas y regeneración ¡tanto como se pueda!

También es una buena idea hacer la siesta a la intemperie, al aire libre, ¡la regeneración es más potente!

## EVITA LAS ONDAS ELECTROMAGNÉTICAS

Recuerda que, para que descansen tus células, debes alejarlas de las ondas electromagnéticas.

¡Desconecta el móvil y el wi-fi!
No duermas cerca de enchufes ni de radiodespertadores.

## ¿Y POR QUÉ 7 DÍAS?

Pues porque 7 días son el período de un ciclo completo:

**Días 1 y 2**: Preparación para el detox. Empiezan a eliminarse las sustancias tóxicas como el café y el metabolismo de los azúcares comienza a regularse para hallar su equilibrio.

**Días 3, 4 y 5**: Proceso del detox. Inicio del proceso de depuración interno. Son, probablemente, los días más duros del detox, ya que el cuerpo empieza a eliminar las toxinas y eso provoca algunos síntomas incómodos como dolor de cabeza, cansancio, mareo y picores en la piel. Además de eso, si antes del detox tu dieta era rica en azúcares y harinas, el cuerpo ahora sufre pequeñas hipoglucemias para la disminución de la ingesta de azúcar. Eso provoca falta de energía en algunos momentos del día.

**Días 6 y 7**: Salida del detox. El cuerpo aún sigue depurándose, pero generalmente ya han desaparecido los molestos síntomas del detox. Comenzamos a sentirnos con más energía, más lucidez, el metabolismo de los azúcares se ha calmado y llega la euforia a causa de vivenciar estas buenas sensaciones y también por el empoderamiento que sentimos al haber llegado hasta aquí. Es muy importante dejar el detox con buenas sensaciones si queremos volver a repetir la experiencia.

→

## PLAN DETOX PRIMAVERA

### DÍAS 1 y 2

Al levantarte, bebe un vaso de agua con el zumo de un limón acabado de exprimir.

**Entre las 11 y las 12**
Zumo verde detox  P. 118

**Entre las 13:30 y las 15:00**
Ensalada detox  P. 120

**Entre las 17:30 y las 19:00**
**DÍA 1:** Sopa de 3 raíces  P. 52
**DÍA 2:** Sopa de brotes de guisante  P. 58

### DÍAS 3, 4 y 5

Al levantarte, bebe un vaso de agua con el zumo de un limón acabado de exprimir.

**Entre las 11 y las 12**
Zumo verde detox  P. 118

**Entre las 13:30 y las 15:00**
**DÍA 3:** Sopa de papaya y coco  P. 64
**DÍA 4:** Gazpacho de fresa  P. 56
**DÍA 5:** Sopa de aguacate y espinacas  P. 76

**Entre las 17:30 y las 19:00**
**DÍA 3:** Sopa de espárragos verdes  P. 82
**DÍA 4:** Sopa de kale y brotes de girasol  P. 62
**DÍA 5:** Sopa de alcachofa y apio  P. 112

### DÍAS 6 y 7

Al levantarte, bebe un vaso de agua con el zumo de un limón acabado de exprimir.

**Entre las 11 y las 12**
Zumo verde detox  P. 118

**Entre las 13:30 y las 15:00**
Ensalada detox  P. 120

**Entre las 17:30 y las 19:00**
**DÍA 1:** Sopa de papaya y hojas silv.  P. 96
**DÍA 2:** Sopa de espinacas y lima  P. 70

## PLAN DETOX VERANO

### DÍAS 1 y 2

Al levantarte, bebe un vaso de agua con el zumo de un limón acabado de exprimir

**Entre las 11 y las 12**
Zumo verde detox  P. 118

**Entre las 13:30 y las 15:00**
Ensalada detox  P. 120

**Entre las 17:30 y las 19:00**
**DÍA 1:** Sopa de melocotones y esp.  P. 104
**DÍA 2:** Sopa de calabacín y berros  P. 50

### DÍAS 3, 4 y 5

Al levantarte, bebe un vaso de agua con el zumo de un limón acabado de exprimir.

**Entre las 11 y las 12**
Zumo verde detox  P. 118

**Entre las 13:30 y las 15:00**
**DÍA 3:** Gazpacho de sandía  P. 100
**DÍA 4:** Sopa de pimientos amarillos  P. 74
**DÍA 5:** Gazpacho de fresa  P. 56

**Entre las 17:30 y las 19:00**
**DÍA 3:** Sopa de pepino a la menta  P. 116
**DÍA 4:** Sopa de tomate a la albahaca  P. 84
**DÍA 5:** Sopa de piña a la menta  P. 78

### DÍAS 6 y 7

Al levantarte, bebe un vaso de agua con el zumo de un limón acabado de exprimir.

**Entre las 11 y las 12**
Zumo verde detox  P. 118

**Entre las 13:30 y las 15:00**
Ensalada detox  P. 120

**Entre las 17:30 y las 19:00**
**DÍA 1:** Sopa de sandía a la menta  P. 94
**DÍA 2:** Gazpacho de remolacha  P. 114

**Todos los ingredientes han de ser 100% ecológicos. ¡Estamos desintoxicando!**

Durante el día, entre comidas, bebe entre 5 y 7 vasos de agua mineral, filtrada.

Durante el día, entre comidas, bebe entre 5 y 7 vasos de agua mineral, filtrada.

<table>
<tr><td>

## PLAN DETOX OTOÑO

### DÍAS 1 y 2

Al levantarte, bebe un vaso de agua con el zumo de un limón acabado de exprimir.

**Entre las 11 y las 12**
Zumo verde detox  P. 118

**Entre las 13:30 y las 15:00**
Ensalada detox  P. 120

**Entre las 17:30 y las 19:00**
**DÍA 1:** Sopa hinojo, chirivía, remolacha P. 88
**DÍA 2:** Sopa de papaya y hojas silv.  P. 96

### DÍAS 3, 4 y 5

Al levantarte, bebe un vaso de agua con el zumo de un limón acabado de exprimir.

**Entre las 11 y las 12**
Zumo verde detox  P. 118

**Entre las 13:30 y las 15:00**
**DÍA 3:** Gazpacho de remolacha  P. 114
**DÍA 4:** Sopa caqui, cúrcuma y gengibre P. 72
**DÍA 5:** Sopa de papaya y coco  P. 64

**Entre las 17:30 y las 19:00**
**DÍA 3:** Sopa de kale y brotes de girasol P. 62
**DÍA 4:** Sopa de col lombarda  P. 60
**DÍA 5:** Sopa de piña y kale  P. 108

### DÍAS 6 y 7

Al levantarte, bebe un vaso de agua con el zumo de un limón acabado de exprimir.

**Entre las 11 y las 12**
Zumo verde detox  P. 118

**Entre las 13:30 y las 15:00**
Ensalada detox  P. 120

**Entre las 17:30 y las 19:00**
**DÍA 1:** Sopa brotes guisante y aguac.  P. 58
**DÍA 2:** Sopa brotes y granny smith P. 110

</td><td>

## PLAN DETOX INVIERNO

### DÍAS 1 y 2

Al levantarte, bebe un vaso de agua con el zumo de un limón acabado de exprimir.

**Entre las 11 y las 12**
Zumo verde detox  P. 118

**Entre las 13:30 y las 15:00**
Ensalada detox.  P. 120

**Entre las 17:30 y las 19:00**
**DÍA 1:** Sopa de col blanca o sopa de colirrábano y tomillo  P. 54/102
**DÍA 2:** Sopa chirivía nuez moscada  P. 68

### DÍAS 3, 4 y 5

Al levantarte, bebe un vaso de agua con el zumo de un limón acabado de exprimir.

**Entre las 11 y las 12**
Zumo verde detox  P. 118

**Entre las 13:30 y las 15:00**
**DÍA 3:** Sopa de zanahoria al curri  P. 80
**DÍA 4:** Sopa de espinacas y lima  P. 70
**DÍA 5:** Sopa de calabaza al curri  P. 90

**Entre las 17:30 y las 19:00**
**DÍA 3:** Sopa de apio y brócoli  P. 98
**DÍA 4:** Sopa de remolacha al comino P. 106
**DÍA 5:** Sopa de alcachofa y apio  P. 112

### DÍAS 6 y 7

Al levantarte, bebe un vaso de agua con el zumo de un limón acabado de exprimir.

**Entre las 11 y las 12**
Zumo verde detox  P. 118

**Entre las 13:30 y las 15:00**
Ensalada detox  P. 120

**Entre las 17:30 y las 19:00**
**DÍA 1:** Sopa de kale y apionabo  P. 66
**DÍA 2:** Sopa brócoli al eneldo o sopa de endivias e hinojo  P. 86/92

</td></tr>
</table>

**Todos los ingredientes han de ser 100% ecológicos. ¡Estamos desintoxicando!**

Durante el día, entre comidas, bebe entre 6 y 8 vasos de agua mineral, filtrada.

# PLAN DETOX CANDIDIASIS PRIMAVERA

### DÍAS 1 y 2

Al levantarte, bebe un vaso de agua con
el zumo de un limón acabado de exprimir.

**Entre las 11 y las 12**
Zumo verde detox  P. 118

**Entre las 13:30 y las 15:00**
Ensalada detox  P. 120

**Entre las 17:30 y las 19:00**
DÍA 1: Sopa de brotes de guisante y aguacate  P. 58
DÍA 2: Sopa de calabacín y berros  P. 50

### DÍAS 3, 4 y 5

Al levantarte, bebe un vaso de agua con
el zumo de un limón acabado de exprimir.

**Entre las 11 y las 12**
Zumo verde detox  P. 118

**Entre las 13:30 y las 15:00**
DÍA 3: Sopa de aguacate y espinacas  P. 76
DÍA 4: Sopa de pimientos amarillos  P. 74
DÍA 5: Sopa de papaya y coco  P. 64

**Entre las 17:30 y las 19:00**
DÍA 3: Sopa de pepino a la menta  P. 116
DÍA 4: Sopa de tomate a la albahaca  P. 84
DÍA 5: Sopa de espárragos verdes  P. 82

### DÍAS 6 y 7

Al levantarte, bebe un vaso de agua con
el zumo de un limón acabado de exprimir.

**Entre las 11 y las 12**
Zumo verde detox  P. 118

**Entre las 13:30 y las 15:00**
Ensalada detox  P. 120

**Entre las 17:30 y las 19:00**
DÍA 1: Sopa de alcachofa y apio  P. 112
DÍA 2: Sopa de espinacas y lima  P. 70

**Todos los ingredientes han de ser 100%
ecológicos. ¡Estamos desintoxicando!**
Durante el día, entre comidas, bebe entre
6 y 8 vasos de agua mineral, filtrada.

# PLAN DETOX CANDIDIASIS OTOÑO

### DÍAS 1 y 2

Al levantarte, bebe un vaso de agua con el zumo de un limón acabado de exprimir.

**Entre las 11 y las 12**
Zumo verde detox  P. 118

**Entre las 13:30 y las 15:00**
Ensalada detox  P. 120

**Entre las 17:30 y las 19:00**
**DÍA 1:** Sopa de brotes de guisante y aguacate o sopa de brócoli y apio  P. 58/ 98
**DÍA 2:** Sopa de endivias e hinojo  P. 92

### DÍAS 3, 4 y 5

Al levantarte, bebe un vaso de agua con el zumo de un limón acabado de exprimir.

**Entre las 11 y las 12**
Zumo verde detox  P. 118

**Entre las 13:30 y las 15:00**
**DÍA 3:** Gazpacho de remolacha  P. 114
**DÍA 4:** Sopa de pepino a la  menta  P. 116
**DÍA 5:** Sopa de pimientos amarillos  P. 74

**Entre las 17:30 y las 19:00**
**DÍA 3:** Sopa de kale y apionabo  P. 66
**DÍA 4:** Sopa de colirrábano y tomillo  P. 102
**DÍA 5:** Sopa de espárragos verdes  P. 82

### DÍAS 6 y 7

Al levantarte, bebe un vaso de agua con el zumo de un limón acabado de exprimir.

**Entre las 11 y las 12**
Zumo verde detox  P. 118

**Entre las 13:30 y las 15:00**
Ensalada detox  P. 120

**Entre las 17:30 y las 19:00**
**DÍA 1:** Sopa de alcachofa y apio  P. 112
**DÍA 2:** Sopa de papaya y coco  P. 64

**Todos los ingredientes han de ser 100% ecológicos. ¡Estamos desintoxicando!**
Durante el día, entre comidas, bebe entre 6 y 8 vasos de agua mineral, filtrada.

# ÍNDICE DE SOPAS